채송화도 있고,
봉숭아도 있네

채송화도 있고, 봉숭아도 있네

발행일	2025년 8월 29일
지은이	박영미
펴낸이	손형국
펴낸곳	(주)북랩
편집인	선일영
편집	김현아, 배진용, 김다빈, 김부경
디자인	이현수, 김민하, 임진형, 안유경, 신혜림
제작	박기성, 구성우, 이창영, 배상진
마케팅	김회란, 손화연, 박진관
출판등록	2004. 12. 1(제2012-000051호)
주소	서울특별시 금천구 가산디지털 1로 168, 우림라이온스밸리 B동 B111호, B113~114호
홈페이지	www.book.co.kr
전화번호	(02)2026-5777
팩스	(02)3159-9637
ISBN	979-11-7224-817-8 03810(종이책) 979-11-7224-818-5 05810 (전자책)

잘못된 책은 구입한 곳에서 교환해드립니다.
이 책은 저작권법에 따라 보호받는 저작물이므로 무단 전재와 복제를 금합니다.
이 책은 (주)북랩이 보유한 리코 장비로 인쇄되었습니다.

(주)북랩 성공출판의 파트너
북랩 홈페이지와 패밀리 사이트에서 다양한 출판 솔루션을 만나 보세요!

홈페이지 book.co.kr • 블로그 blog.naver.com/essaybook • 출판문의 text@book.co.kr

작가 연락처 문의 ▸ ask.book.co.kr
작가 연락처는 개인정보이므로 북랩에서 알려드릴 수 없습니다.

박영미 산문집

채송화도 있고,
봉숭아도 있네

북랩

차례

앞 도랑 샘물	*11
아가야! 나오너라	*17
흠이와 구슬치기	*21
골 안 버드나무 숲 아래	*25
가재 잡기	*29
손국수 먹던 날	*33
비 설거지	*37
앵두 막내 고모	*41
소 먹이	*45
모사 떡	*51
마징가 제트	*55
애향단 꽃밭	*59
새싹들이다	*63
신랑 각시 놀이	*67
경주 남산 망초꽃	*71

짱철이	*75
할배 생신	*79
연날리기	*83
송아지 낳던 날	*87
시계토	*91
엿장수 생선 장수	*95
새끼 꼬기	*99
디딜방아	*103
짧은 겨울 해	*107
고사리 산	*111
갱빈 야구	*113
겨울 해 질 무렵	*117
파 뿌리	*121
영동할매 오시는 날	*125
도둑놈 순경 놀이	*129

황초굴	*133
엿 단지	*137
별 보기, 매, 늑대	*141
여름 성경 학교	*145
무슨 꽃을 찾겠니?	*149
밤이 익어갑니다	*155
우리 동네 두루봉	*157
찔레	*163
외갓집 가는 길	*167
동생 뒷집 장보기	*171
감자 바지게	*175
학교 사과나무	*179
뒷집 아주머니	*183
모내기 철	*187
누에 뽕	*191

장날	*195
이발소	*199
찰밥 쫌 주소!	*203
풋콩 까던 날	*207
감자 새참	*211
고디 잡기	*215
올케랑 고사리	*219
은하수	*223
영제 오빠 낚시	*227
복 수박	*231
먹을 내기 화투	*235
내 어린 날의 학교	*239

앞 도랑 샘물

우리 동네 앞 도랑에는 샘이 하나 있었다. 우물이 없는 집들은 그 샘물을 길어다 먹었다.

해 빠질 무렵이 되면 아이들도 물 긷는 데 한몫을 했는데, 좀 더 큰 오빠들은 물지게로 져 나르고 언니들은 양동이로 여 나르는가 하면 샘 가로 나물을 들고 가 씻어 오기도 했다. 그뿐인가! 오후 해가 두어 뼘쯤 남아 있을 무렵엔 바가지에다 보리쌀을 들고 가 빡빡! 치대며 씻어 불려 오기도 했다.

아침이 되면 우리는 샘에서 흘러나오는 도랑물로 세수를 했는데, 그 샘물만 하더라도 여름에는 시원하고 겨울에는 미지근했던 것 같다. 아주 차갑지는 않았다.

마을 몇몇 집에는 우물이 있었는데, 할머니랑 살던 눈이 큰 아이 집도 마당 한쪽에 우물이 있었다. 아이들과 마당에서 재미나게 뛰어놀다 목이 마르면 그 아이가 두레

박을 내려서 우물물을 퍼다 주고는 했다. 우물물은 특히나 여름철엔 물맛이 아주 좋고 시원했다. 그 시절, 눈이 큰 아이 집에 놀러 갔다 우물물을 마시려고 까마득하게 깊은 우물 저 아래를 내려다보던 생각을 하면 지금도 몸이 서늘해지면서 떨려올 것 같다. 그도 그럴 것이, 아이들에게 우물은 공포의 대상이기도 했으니….

그러다 마을에 상수도가 들어오게 되었다. 내가 4학년 때로 기억한다. 그때 공사 기간이 무척이나 길어 언제 즈음 마당에 수도가 설치되려나? 거기서 물이 나오려나? 기대에 차 있었는데, 일 년도 넘게 걸린 어느 날 학교에서 돌아오니 수도가 설치되어 있어 너무나도 기뻤다.

하도 좋아 꼭지를 틀어보았더니, 물은 아직 나오지 않았다. 좀 더 기다려야 했던 것이다.

그러고도 한참 시간이 지난 어느 날, 학교에서 돌아와

그날도 물이 나오려나? 수도꼭지를 틀어보았더니 드디어 콸콸콸~ 물이 터져 나왔는데… 그 순간! 내 안에서도 무언가 펑! 터져 나오는 느낌이었다.

그때의 놀라움이랄까? 경이로움이랄까?

게다가 우리는 이제 앞 도랑 샘에 물 길으러 가지 않아도 되었다. 세수하러 갈 일도 없이 각자가 집에서 하면 되었는데, 한편 조금은 아쉽기도, 시원섭섭하기도 했던 것이 아침마다 앞 도랑 샘에서 흘러나온 물로 뽀드득뽀드득~ 비누 향기를 풍기며 세수하는 일은 어린 마음에도 꽤 낭만적으로 여겨졌기 때문이다.

꼭, 깊은 산속 옹달샘에 세수하러 가는 토끼라도 된 것마냥 좋기도 했으니 말이다. 하얀 수건을 목덜미에 걸치고 앞 도랑에 세수하러 가는 일은 조금은 설레는 일이기도 했다.

그도 그럴 것이 세수하러는 나만 가는 것은 아니다 보니, 또래의 동무들도 오고… 어디 동무들만 오겠나? 마을 언니 오빠들도 왔다.

 그랬던 앞 도랑 샘은 어쩌다 수도가 고장 났을 때만 사람들이 찾게 되어 언젠가부터는 숲이 우거지면서 샘도 막히게 되었다. 언제나 맑은 샘물이 퐁퐁~ 쏟아져 나오던 샘은 사람들이 물을 퍼내지 않으니 마르고 말았다.

 숲이 우거지면서 샘도 숲에 묻혀버려… 퍼내도 퍼내도 마르지 않던 샘이 사라져버린 것이다.
 무척이나 아쉬운 일이었다.

늦게 학교 다니다 보니 수업 중에 그림을 그려보라는 시간도 제법 많았다. 주로 가족 그림이었는데… 무얼 그리지? 그릴 것도 없는데, 하다 보면 원 가족(최초의 가족) 이야기도 좋다 해서 그리다 보면, 의외로 떠오르는 것들이 많았다.

어느 날은 빨랫줄에 널린 펄럭이는 이불 홑청 사이로 동생들과 뛰어다니며 놀던 그림을 그렸는데, 바람은 마당 빨랫줄에 한가득 널린 이불 홑청을 마구 펄럭이게 하고, 우리 삼 남매는 그 사이로 뛰어다니며 놀던….
그런 우리들에게 엄마는 뭐라 뭐라고 하셨다. 우리가 골 안에 살 적 이야기다.

그 시절엔 전기가 자주 나가는 바람에 촛불을 준비해놔야 했는데, 그런 날 밤이면 우리 삼 남매는 마루에 나란히 누워 돌아가면서 한 사람씩 노래를 부르고는 했다.

그럴 때면 달님이 우리가 누운 들 마루 안까지 환히 비추어주곤 했는데, 이때 부르던 노래 중엔 아가야! 나오너라 달맞이 가자! 이런 동요가 있다.

그러다 깜빡깜빡 형광등에 불이 들어오면 에이, 들어오지 말지! 이게 더 좋은데…. 우리는 모두 아쉬워했다. 전깃불보다는 달빛이 훨씬 더 좋았기 때문이다.

가끔씩 퇴근 후 평소 타는 버스를 못 타고 오게 되는 날이 있는데, 그럴 경우 일부러 영진전문대 정문에서 내려 후문까지 교정을 걸어오고는 한다. 그런 날에는 노래를 들으며 걷곤 하는데, 벚꽃이 활짝 피었다 질 무렵 봄밤엔 비틀즈 노래를 자주 듣는다. 그럴 때면 그 시절이 생각날 때도 있는데….

전기가 나가서 오히려 좋았다 싶던 어린 시절…. 삼 남매가 마루에 나란히 누워 노래 부르던 그 유년 시절로 잠시 돌아가 그때 마음이 되어보고는 한다.

흠이와 구슬치기

어린 시절 동생이 네다섯 살 무렵, 어느 날 옆집 아이와 구슬치기하다 구슬을 거의 다 잃었다며 울면서 돌아왔다. 오십여 개의 구슬 중 다 잃고는 다섯 개인가 남았다길래, 그땐 나도 얼마나 애가 닳던지….

잃은 구슬 내가 다 따줄게!
동생한테 말하고는 남은 구슬을 들고, 그 집 앞으로 가서 그 아이를 불러냈다.
그러고는 씩씩거리며 흠아! 니 내랑 기주치기 하자!
그땐 구슬을 기주라고 불렀다.
그때 그 애가 문을 열고는 물끄러미 나를 보면서 마지못해 내 도전장을 받아들였다.

그 집 마당에서 그 애와 구슬치기를 하는데, 얼마나 내 뜻대로 안 되던지…. 나는 결국 남은 몇 개의 구슬까지 다 잃고 말았다.

흥분해서 얼굴은 벌게 가지고, 그런 마음으로 갔으니 잃을 게 뻔한데 말이다. 따여도 괜찮다는 마음으로 했을 그 애야 뭐, 답답할 게 없으니 침착하게, 요즘으로 치면 마음 비우고….

결국 들에서 돌아오신 엄마가 따인 구슬을 몽땅 다 따 주셨다. 좀 비겁하긴 하지만 엄마다운 방법으로 말이다.

어릴 때 우리 옆집 생각을 하면 물끄러미 보던 그 아이 흠이와, 그리고 순금이라는 눈동자가 새까맣게 생긴 예쁜 여자아이가 생각난다.

골목 입구에는 두어 그루 감나무가 있었는데, 감꽃이 예쁘게 피던 계절엔 외갓집에 와서 살던 고모 집 딸내미와 둘이서 아침이면 그 집 삽짝에서 감꽃을 주우며 놀던 생각도 난다.

주운 감꽃은 먹기도 하였지만 목걸이를 만들어 목에 걸기도 했는데, 유난히 그 집 감나무에서 떨어진 감꽃은 더 이쁘고 색깔도 더 환했다는 생각이 든다.
마치 흠이 동생 순금이처럼 말이다.

이후 그 집 오누이는 어떤 삶을 살았을지? 문득 궁금해지면서 그 집 입구에 있던 두 그루 감나무처럼, 감꽃처럼 튼튼하고 예쁜 삶을 살았기를….

골 안
버드나무 숲 아래

아주 어릴 때였는데, 여름방학을 맞아 도시서 학교에 다니던 큰집 언니가 시골집에 오게 되었다.

언닌 한낮에는 너무 더우니까, 어느 날 냇가에 가자며 나를 불러냈다.

골 안 골짜기엔 냇물이 흐르고 버드나무가 우거진 도랑이 있었는데 언니랑 그곳으로 갔다.

언닌, 여기서 목욕해도 되나? 사람들이 안 지나가나? 내게 물어왔는데, 어린 나는 멋도 모르고 생각도 없이 응! 안 지나간다, 괜찮다, 이렇게 대답했다.

언닌 그런 줄 알고, 내 말만 믿고 옷을 다 벗고는 냇물에서 목욕을 했다.

그때 내 눈에 비친 여고생의 몸 모습은 아주 신기하고 신비로웠다. 그리고 참 예뻤다. 안 그래도 울 언닌 예뻤는데, 지금까지도 아주 예쁜데 말이다.

나는 신기한 눈으로 그런 언니를 보고 있고, 언니는 시원한 물속에서 아이, 시원하다! 찬물에 오소소… 몸을 떨기도 하면서 헤엄이라도 쳐볼 요량이었다. 그러다 물장구를 치고 있는데….

그때 하필 우리 동네 남자애랑 그 집 삼촌이 소를 몰고는 우리 쪽으로 오고 있었다.

그 삼촌도 방학을 맞아 시골집에 왔나 본데, 언니랑 같은 또래다.

마침 우리 목욕하는 곳을 지나게 되어 언닌 어쩔 줄 몰라 하고… 그 집 삼촌도 민망해하면서 난처한 표정을 짓고는, 소를 몰고 오던 길로 다시 돌아가지도 못하고….

이러지도 못하고 저러지도 못하고 아주 난감한 표정을 짓고 있었다.

그때 어린 마음에도 언니한테 정말 미안했는데, 어쩌면

좋으노! 싶었는데 그들이 지나고 난 뒤 언니는 안 다닌다 카더니만…. 이 말만 하고, 뭐라 하지는 않고 주섬주섬 얼른 옷을 챙겨 입었다.

까마득한 옛날이야기인데 그때 난처하고, 민망한 눈으로 우릴 보던 그 집 삼촌 표정이 아직도 기억난다.
예쁜 언니도 선명히 기억난다.

하얀 살결과, 그걸 미처 가려주지도 못하면서 축축 늘어져만 있던, 골 안 버드나무 가지까지도 생생하게 기억나는 한다.

가재 잡기

어린 시절 여름은 마냥 덥지만은 않았던 게 이런저런 물놀이가 있었기 때문이다. 우리 집은 마을 안쪽인 골 안에 있었는데, 집 가까이엔 개울물이 흐르고 있었다. 우리들은 오후가 되면 바가지나 도시락을 들고는 가재를 잡기 위해 그 개울로 갔다.

첨버덩! 개울에 들어가서 돌을 들시면 가재들이 많이 있었다. 사람 손길을 금방 알아챈 녀석들 슝슝~ 도망치느라 야단이었지만, 어린아이라도 손이 느리지는 않아 잽싸게 놈들을 움켜잡았다. 새끼 가재, 어미 가재… 더군다나 새끼를 가득 밴 어미 가재를 잡을 때면 제일 많이 신나 했다. 그러다 아구야! 가재 앞발에 물리기도 했다.

돌만 들시면 손쉽게 잡을 수 있는 가재였는데도 심심하다며 아이들과 개구리를 잡아 뒷다리를 잘라 긴 풀에 묶어 가만히 풀숲 앞에 두기도 했는데, 기다리고 있다 보면 숲에 숨어 있던 가재가 먹이인 줄 알고 슬금슬금 기어 나왔기 때문이다. 그럼 냉큼 잡고… 그런 잔인한 짓도 서슴지 않았다.

그렇게 잡아 온 가재로 엄마는 된장 넣고 고추장 넣어서 뽀글뽀글 맛있는 찌개를 끓여주셨다. 불에 익으면 발갛게 되는 가재가 고추장을 넣어 끓이니 더욱 발갛게 되었다.

그러다 언제부터인가 우리 마을 도랑에도 가재가 사라져버렸는데, 그즈음 우리도 가재 잡는 일에는 그다지 흥미를 못 느낄 만큼 커버렸다.

손국수 먹던 날

내 어린 날, 이런 비 오는 날 오후 무렵이면 엄마는 밀가루에다 콩가루를 적당히 섞어 반죽을 해놓고는 홍두깨를 꺼내 몇 번이고 밀어서 손국수를 만들어놓으셨다.

그런 다음 솥에다 멸치를 한 주먹 넣고, 다시 물을 끓이다 김이 나면 큼직하게 썬 감자를 넣으셨다. 감자가 다 익어갈 무렵엔 썰어놓은 국수를 넣고, 마지막에는 애호박, 그리고 푸기 직전엔 부추를 썰어 넣으셨는데, 참기름 듬뿍 넣고.

매운 고추 몇 개 넣어 양념장도 미리 장만해놓으셨다. 마당에는 멍석을 깔고 커다란 상도 미리 내놓았다.

다시 물이 끓는 동안 이웃 사람들을 부르러 가는 일은 내가 아니면 동생들이 했다.

한 사람, 한 사람 이웃분들이 오시면 우리 식구까지 해서 마당엔 한가득 사람들이 모였다.

그러다 보면 커다란 솥에 한가득이던 국수가, 저걸 누가 다 먹나? 했던 국수 솥이 그럭저럭 비어가곤 했다.

그래도 손 큰 우리 엄마가 만든 손국수는 언제나 마지막에 한 그릇 정도는 남았던 것 같다.

저녁을 먹고 나서는 배가 두둑해진 채로, 오늘 밤엔 별이 몇 개나 떠 있나? 밤하늘을 올려다보곤 했는데, 이때 이웃집에 살던 이야기꾼, 친구 엄마는 용이 되려다 만 꽝철이 이야기 등을 해주셨다. 그 이야기들이 얼마나 재미있었던지, 우리는 시간 가는 줄 모른 채 친구 어머니의 이야기에 빠져들고는 했다.

그러는 가운데 여름밤도 깊어저만 갔다.

비 설거지

오늘은 기다리던 소나기가 한차례 내릴 것도 같아, 비를 기다리다 어린 시절 비 설거지하던 때가 생각났다.

학교 마치고 집으로 오는 길에 갑작스레 소나기가 내려, 집 오자마자 빗물 닦을 틈도 없이 장독 뚜껑도 덮어야 하고, 마당에 널린 빨래도 걷어 와야 하고….

그런데 마당 한쪽에 매여 있는 소는 어떡한담? 떠받을까 무서워 외양간에 매어주지도 못하고, 어린 마음에 발을 동동 구르며 마음만 아파했다.

내리는 소나기와 함께 커다란 소 눈망울에도 눈물이 고여 있는 듯 보여 소와 함께 울고 싶은 심정이었다.

그러다 들에 가셨던 부모님이 돌아오시면, 소가 외양간에 매여지는 것을 보고 나서야 마루에 앉아 한가로이 비 오는 모습을 구경하고는 했다.

이 산 저 산… 온 산에, 그리고 온 들녘에 비 묻어오던 때를 감상하고는 했다.

농부들은 그나마 비 핑계로 일손을 멈추어보던 때. 그러니 반가운 비 오시는 날!

앵두 막내 고모

어제는 일터에 갔더니 옆에 두었다가 먹으라며 누가 블루베리를 주셨다. 크기도 그렇고, 모양도 맛도 그렇고… 나는 앵두 생각이 났다.

어릴 때 우리 작은집 뒤꼍에는 앵두나무가 한 그루 있었다. 나는 작은집 막내 고모를 무척 좋아해서 작은집에 자주 놀러 가고는 했다.

작은집 갈 때마다 유심히 앵두나무 보는 것도 좋아했다. 앵두는 봄에 꽃이 피고 열매를 맺고, 점점 자라고… 그러다 익을 무렵이 되면 자그마한 체구가 통통해지면서 분홍빛을 띠었는데… 앵두는 정말이지 생긴 게 예술이었다.

고모는 다 커서 그런가? 앵두에는 그다지 관심도, 욕심도 없어 보였다.

그러다 내가 가면 뒤안에 있는 앵두 따 먹거라! 명령이 떨어지곤 했는데, 나는 기다렸다는 듯 뒤꼍으로 가서는 한꺼번에 다 따 먹지는 않고 한 가지씩만 따 먹곤 했다.

고모의 관심은 앵두보다는 하루에 한 번씩 오는 체보(우체부 아저씨) 기다리는 데 열중했는데, 그러다 우체부 아저씨가 오면 고모가 기다리던 편지가 들어 있곤 했다.

어린 마음에 저기 뭐가 쓰여 있을까? 누구일까 궁금했는데, 물어보진 못했지만 친척 오빠 말에 의하면 연애편지란다.

편지를 기다리던 고모 생각을 하면 사슴처럼 목이 길었다는 생각이 든다.

어느 날 친척 오빠가 고모에게 온 편지를 먼저 낚아채 가서 고모는 달라고 난리를 치고 했었는데, 오빠가 읽어 준 편지 내용은 다른 건 기억나지 않고, 무슨 무슨 꽃이 숙이처럼 예쁘네… 요 구절은 아직도 기억난다.

어릴 때 본 우리 작은집 막내 고모는 무슨 무슨 꽃보다도 훨씬 더 예뻤다. 내 보기에도….

꽃보다도, 앵두보다도 더 예쁜 고모였다.

소 먹이

어린 시절 소 먹이를 가면 우리 동네 골 안 산골짜기에는 아이들이 놀기에 딱 좋은 잔디밭이 있었다.

소를 몰고 잔디밭에 도착한 아이들은 소뿔에다 끈을 칭칭 동여매고는 소들을 산으로 올려 보냈다. 소들도 질서 있게 일렬로 해서 풀을 먹기 위해 이렇다 할 소동 없이 산꼭대기까지 올라갔는데, 지금 생각해보아도 그 모습은 장관이 아닐 수 없다.

그러니까 마을 소들이 한곳에 다 모인 셈이다. 동네 골 안 산골짜기에 다 모여서는 어느 소를 선두로 해서 산꼭대기로 올라가는 것이었다.

그때 나는 소리라고는 소 발자국 소리와 딸랑딸랑 요령 소리가 전부였으니… 그 시절은 소들도 아이들도 행복한 시절이었으리라.

소 떼가 산으로 올라가고 나면 그때부터 이런저런 아이

들 놀이가 시작되었다.

남자아이들은 주로 전쟁놀이, 우리 여자애들은 공기놀이를 하며 놀았는데, 어느 정도 놀 만큼 놀고 나서는 오빠들이 나무를 주워 모아서 불을 피웠다.

한참 불이 타고 나서는 불을 끄는데, 거기다 감자를 넣고는 흙으로 덮어버렸다. 그러니까 감자굿이를 한 것인데 그리고는 잊은 듯 두고 다시 놀이가 시작되었다. 무슨 놀이든지 해가 짧았던 것은 그만큼 재미있었기 때문이다.

한참 재미있게 놀다가는 그중 나이 많은 오빠들이 감자 익었을 무렵을 귀신같이 알아냈다.

그때가 되면 아이들은 일제히 하던 놀이를 멈추고 한곳으로 모였는데, 과연 감자 묻은 자리를 파보면 감자가 아주 적당히 잘 익어 있었다.

한곳에 모인 아이들이 감자를 먹었는데, 누가 더 많이 할 것도 없이 나이 어린 동생들을 챙겨가면서 먹었다. 먹다 보면 손도 입가도 새까맣게 되어 얄궂어졌다.

감자굿이가 끝나고 나서 마저 더 놀다 보면, 어느 즈음 해도 기울어가고, 풀 뜯어 먹으러 갔던 소들도 산에서 내려왔다. 지금 생각해보아도 소들이 어찌 그때를 알았던지, 참….

해 질 무렵 적당한 시간이 되면 소들이 내려왔는데, 마치 시계라도 있는 듯이 꼭 그 시간이 되면 어느 소를 선두로 해서 일렬로, 긴 줄을 서서 내려오는 것이다. 산으로 올라갈 때처럼 말이다.

아마도 그중 대장 소가 얘들아! 곧 해가 지겠다. 이제 그만 내려가자. 오늘도 풀 많이 먹었잖아! 이런 신호를 보내지 않았을까? 그에 나머지 소들도 응 응… 대답하고는 한 마리의 이탈도 없이 잔디밭으로 오는데, 그럼 아이들도 놀이를 끝내고 자기 소에게 다가가 워워~ 뿔에 동여매었던 끈을 풀어서 이랴, 이랴! 소를 몰고는 집으로 돌아갔다.

그즈음 여름날 오후 해도 저물어갔다.

모사 떡

어제는 친구가 집안에 모사 지낸 이야길 하길래 어린 시절 생각이 났다. 우리 큰집 바로 뒤에는 야트막한 산이 있는데, 아마 이 무렵이었을 것이다.

가을 추수가 다 끝나고 겨울이 올 무렵이면, 하얀 두루마기를 입은 어른들이 모사를 지내려고 큰집 뒷산으로 올라가시곤 했다.

우린 그때 학교도 들어가기 전인데, 그 행렬을 안 보았으면 모를까, 보고 말았으니 떡을 얻어먹고 싶은 마음에 고모네 집 딸내미와 둘이서 산으로 올라갔다. 그 주변에서 일부러 알짱거리며 노는 척하며, 어른들이 우릴 봐주실 거야! 분명히 그럴 거야! 하며 놀았는데, 그러다 보면 모사를 다 지낸 어른 중 누군가가 우리를 손짓으로 부르셨다. 부끄러워하면서도 가보면 함지를 열어서 손에다 떡을 쥐여주셨는데, 우릴 실망시키지 않고 후하게 주셨다.

그도 그럴 것이, 산에서 노는 아이들이라고는 우리밖에 없었으니… 떡은 대개 콩고물을 묻힌 인절미나 시루떡이었던 것 같다.

그때 어른들이 입었던 흰 두루마기의 흰 빛깔은 아직도 선명하게 기억에 남아 있는데, 마치 어린 시절 어쩌다 들에서 보게 되는 학처럼 말이다. 그만큼 귀하게 보였다고 할까?

그렇게 해서 가을 오고부터는 이런저런 일들로 떡 구경할 일이 많아졌다.

마징가 제트

내 기억엔 내가 초등학교 1학년 때 우리 마을에 전기가 들어왔고, 3학년 때 우리 집에 티브이가 들어왔다.

그 시절엔 티브이 있는 집이 흔하지 않다 보니 밤이 되면 마을 어른들과 아이들이 우리 집으로 모이곤 했다. 그러니 밤엔 우리 식구들끼리 있어본 적이 거의 없었지만, 나름 그것도 좋았던 것 같다.

티브이 프로 중 아이들이 가장 좋아하는 것은 단연 만화였다. 그중 일요일 오후에 하는 마징가 Z를 가장 재밌어했다.

일요일 오후가 되면 일찌감치 아이들이 우리 집으로 모였는데, 거의가 내 동생 또래의 남자아이들이었다. 만화가 시작되기 전 주제곡이 나올 땐 모두 숨을 죽이고, 찍소리 않고 티브이 앞에 앉아 있었는데, 내가 티브이 앞에다 녹음기를 대고 주제곡을 녹음하고 있었기 때문이다.

"기운 센 천하장사~."

녹음할 때마다 매번 음질이 시원찮았다. 티브이 소리는 멋졌는데 말이다. 마징가 제트는 정말 재미있었다.

그런데 그 재밌는 만화가 일본 거라니, 아이들도 살짝은 실망했다. 그러다 나중엔 우리 로보트도 나오게 되었다. 그게 로보트 태권브이다. 어쩌다 특집 날에 로보트 태권브이를 할 때면, 더군다나 우리 로보트다 보니 아이들도 벅차했다. 생긴 것도 그렇고, 이름도 그렇고, 그리고 태권브이는 처음부터 날아다녀서 더 멋있었다.

그러다 마징가 Z도 날개를 가지게 되었는데, '제트스크랜더'라고 그 날개를 달게 되었다.
제트스크랜더 결합! 하면 물속에서 나온 마징가 Z가 속도를 내서 달리다가 하늘을 향해 뛰어오르면 날개가 날아와 어깨에 합체되었다.

그 순간 우리도 흥분이 되어 어쩔 줄 몰라 했다.

애향단 꽃밭

어린 시절 이야기를 좋아해주는 친구들이 있다 보니, 샘물이 퐁퐁퐁! 쏟아지듯 자꾸만 떠오른다.

그 시절 기억들은 확실히 지금의 나를 정화시켜주는 효과가 있는 듯하다.

우리 어릴 때는 애향단이란 게 있었다.

마을마다 단장이 있었고, 특별히 기억나는 일은 1학년부터 6학년까지 동네 아이들이 마을 한가운데 모여 녹색 애향단 깃발을 든 아이를 선두로 해서, 길게 한 줄로 서서 등교했던 일이다.

늦게 나온 아이는 그날 애향단장한테 맞거나 혼이 났는데, 우리 동네는 유독 무서운 단장 오빠가 있어서 동네 오빠들이나 남자애들이 벌벌 떨었다. 아침에 온 동네 아이들이 모여서 한 줄로 길게 학교 가는 행렬은 그 시절 볼거리였던 것 같다.

지금 생각해보면 꼭 북한 어린이들 같았다 싶지만, 그땐 그것도 좋았다.

애향단이 하는 일 중엔 화단 가꾸기도 있었는데, 마을 중간 언덕배기에 화단을 만드는 일이었다. 언니들이 거기다 꽃을 심던 기억이 난다. 맨드라미, 채송화, 봉숭아… 주로 이런 꽃들이었다.

시간이 흐르면서 애향단이 사라지고 꽃밭도 언덕에 묻히면서 숲이 되고 말았다. 예전에 '꽃밭에서' 동요를 부를 때면 "아빠하고 나하고 만든 꽃밭에~" 떠오르는 꽃밭이 있었는데, 생각해보면 우리 동네 애향단 꽃밭에 심겼던 그 꽃들이다.

채송화도 있고, 봉숭아도 있던, 언니 오빠들이 가꾼 꽃밭의 그 꽃들이다.

신천 강변으로 운동 가는 길에 이선희 동요를 들으며 걷는데 나는 그중 이 노래가 좋았다.

'우리들은 새싹들이다!'

쿵~ 쿵짝, 쿵짝~ 작은북 소리로 시작하는 동요 말이다.

초등학교 시절 여름방학이 끝나면 가을 운동회 준비를 하느라 악대부 연습을 했다. 내 기억엔 4학년부터 악대부에 들어갔던 것 같다.

학년이 올라갈수록 내가 연주하는 악기 수준도 올라갔다. 4학년 땐 피리, 5학년 땐 실로폰, 그리고 6학년 땐 평소 꼭 해보고 싶었던 멜로디언이었다.

멜로디언은 모든 여자아이들의 로망이었다. 선생님이 멜로디언 하고 싶은 사람 손들어! 했을 때 여자아이들이 모두 손을 들었는데, 선생님이 맨 먼저 내 옷자락을 잡아당기셨다.

그때 그 손길이라니….

아이들이 우와! 모두 부러워했다.

친구들 악기 수준도 높아져갔다. 짝짝이, 트라이앵글에서부터 큰북, 작은북… 이런 악기로 발전했는데, 그때 큰북 치던 아이, 작은북 치던 아이가 누구누구였는지 지금까지도 기억을 한다.

북 치는 아이들은 참 멋져 보였다.

꼭 어른 같아 보였는데, 수업 마치고 연습할 때면 가끔은 지루할 때도 있었지만 나는 워낙 음악을 좋아했으니까!

한꺼번에 이 악기 저 악기가 연주될 때면 어린 마음에 아주 자랑스럽고, 우쭐해지고는 했다.

큰북 작은북은 악대부 연습 때뿐만이 아니라, 전교생이 운동장 조회하기 전 행진하면서도 북을 쳤다.

왼발, 오른발… 발을 맞추었는데, 북소리에 맞춰 운동장을 두어 바퀴 돌고 나면 아침 조회가 시작되었다.

신랑 각시 놀이

어릴 때 친구들과 놀 때는 주로 고무줄놀이, 공기, 오자미 던지기… 아니면 조그마한 공을 가지고 놀았지만, 간간이 동네 언니들과 놀던 기억들도 새록새록 떠오른다.

그중엔 신랑 각시 놀이라는 게 있었다. 우리 마을 바로 뒤에는 조그마한 동산이 있었는데, 그 놀이 할 때면 모두 그리로 올라갔다. 소품도 제법 필요했다. 우선 초례청에서 꼬꼬 재배할 때 쓸 솔가지를 꺾어 와야 했는데 그거야 뭐, 산이니까 얼마든지 있었다.

신부 볼에 연지로 찍을 루주도 필요했는데, 그건 우리 엄마가 젊은 축에 속했으니 주로 내 담당이었다. 그러고는 빨강, 파랑 보자기…. 주인공 신랑 신부는 그날 가장 주요 인물이었는데, 언니들은 서로 신부를 하고 싶어 했다. 왜 안 그랬겠나!

나머지는 신랑 신부, 어머니나 아버지, 친척들을 하나씩 맡았는데, 백부, 백모, 숙부, 숙모, 고모들까지 있었다. 신랑 신부 외에 나머지 언니들이 그 역할을 맡았다.

왜 그 역할이 필요하냐면, 꼬꼬 재배를 마치면 폐백을 드려야 했기 때문이다.

배역이 다 정해지면 꼬꼬 재배할 상부터 차리고, 술잔으로 쓸 조그마한 종지도 가져왔다.

꼬꼬 재배할 때는 진짜 신랑, 신부처럼 진지하게 서로 마주하고 절을 하며 머리를 조아렸다.

옆에서 신부 시중을 드는 누군가도 있었다.

어린 우리들은 그냥 이도 저도 아닌 구경꾼들이었다. 그 놀이의 절정은 역시 첫날밤인데, 이 모든 행사가 끝나고 나면 이제 밤이 되어서 신랑이 신부 족두리를 벗기고, 저고리를 벗겼는데… 그 순간엔 아이들이 모두 숨을 죽이며 지켜보았다. 뭘 안다고 그랬던지 참… 그러고는 신랑 신부가 자빠지고… 어린 우리는 영문도 모른 채 덩달아서 언니들 틈에 끼어서 엄머야! 하며 지켜보았다. 놀이가 절정에 이를 즈음 서산에서 진짜 해도 저물어가고 있었다.

그러니 그 놀이는 해가 빠지고 어둠이 내릴 무렵이 되어야 끝이 났고, 그 시간이 되어서야 아이들은 산에서 내려왔다. 그러고는 언제 내일이 오나! 얼른 내일이 왔으면 했던 것이, 내일이 오면 그 놀이를 마저 할 수 있을 것 같았기에 그랬다.

그만큼 놀이가 재미있었다.

경주 남산 망초꽃

경주 남산을 다 내려와서는 찔레꽃 향기가 너무 좋길래, 몰래 다가가서는 맡아보고, 지금 한창 익어가고 있는 뱀딸기를 따 먹어도 보았다.

시내 왕릉을 지날 땐 왕의 무덤 곁 커다란 느티나무 아래서 돗자리 깔고 누워 잠든 사람들!

누구네 집 담장엔 빨갛게 앵두가 익어가고, 무덤 들녘 주변엔 내가 좋아하는 망초꽃이 가득 피어 있었다. 그 풍경을 보다 어린 날 엄마 따라 외갓집 가던 기억이 났는데, 어느 시인이 쓴 「외갓집 가는 길」이란 시가 생각나서 그랬을 것이다.

어린 소년이 어머니와 외가에 가는데, 어머니는 외할머니 드릴 떡 광주리를 머리에 이고, 엄마 손 잡고 가던 소년은 들뜬 마음에 저만큼 앞서가다가는, 들녘에 가득 핀 망초꽃을 꺾어다 꽃다발을 만들어 어머니를 보며 손짓한다.

신이 나서 모듬 뛰기로 내딛다 뒤돌아보면, 자꾸만 뒤처지는 엄마의 발걸음… 출렁이며 숨어버린 햇님이 반 개, 저녁 이내 풀려드는 어스름한 산 그늘….

아마 시에서 말하는 풍경은 지금 이 무렵이었을지도 모르겠다. 내 어린 날에도 떡 보따리를 손에 든 엄마 따라 외갓집 가던 길도 망초꽃을 꺾어 든 소년과 같아서, 망초꽃만 보면 괜시리 좋아지곤 한다.

꽝철이

어젯밤엔 별 보려고 옥상에 올라갔더니 일찌감치 달은 떠 있는데, 별이 뜨는 데는 한참이 걸렸다.

그동안 노래를 들었는데… 이선희가 부르는 동요가 가장 좋았다. 청아한 그녀의 목소리는 동요와도 무척 잘 어울렸다. 밤하늘을 올려다보며 듣기에 가장 좋은 노래들이었다.

"멀리서 반짝이는 별들과 같이 의좋게 사귀면서 놀아봤으면…."

한참을 있어도 별은 보이지 않고, 그러다가 하나둘… 별이 뜨기 시작했다.

맨 먼저는 북두칠성! 그리고 또… 별 뜨는 것을 보고는 내려왔는데, 친구에게서 전화가 와… 통화하려고 다시 올라갔더니 그사이 안 보이던 별들까지 늘어났다.

어린 시절에도 별들이 가득한 밤하늘을 자주 올려다보고는 했다. 그러다 큰 불덩이 같은 게 어디쯤으로 훅! 떨어질 때도 있었는데, 친구 엄마는 그건 뱀이 용이 되고 싶어 하늘로 올라가려다 못 올라가고 다시 땅으로 떨어지는 거라 말씀하셨다.

그땐 이무기라 부르지 않고 '꽝철이'라 부르셨는데, 우린 진짜 그 불덩이 떨어지는 게 꽝철이인 줄 알았다. 정말이지 무한한 상상력의 옛사람들 아니겠나!

왜 이름이 꽝철인가 생각해보면, 용이 되려던 것이 '꽝!'이 되고 말았으니 꽝철이가 된 게 아닌가 싶다.
철이! 이름도 그럴듯하고….

친구 엄마는 그런 옛날이야기를 아주 재밌게 잘 해주셨다. 들어보면 그 얘기가 그 얘기인데도 늘 새롭고 재밌었다. 그런 생각들을 하며 밤하늘을 올려다보고 있다 보니 여름밤이 심심하지는 않았다.

할배 생신

오늘 아침엔 마른 김을 구워서 간장에 찍어 먹으라며 아이한테 주었더니 먹기 싫다길래, 먹기 싫어도 먹어야 한다고 말했는데 우리 어릴 적엔 김도 아주 귀했다.

무슨 날이나 되어야 먹을 수 있었다.

나는 친할머니 할아버지는 안 계셨고, 큰집 할머니 할아버지가 계셨다 보니 생신날이 되면 동네를 다니면서 심부름을 해야 했다.

이른 아침잠에서 깨어나 눈을 비비고는, 마을 저 안쪽 집부터 시작해서 끝 집까지 해야 했는데, 할머니 생신 땐 할머니 계신 집만, 할아버지 땐 할아버지 집만 다녔다.

그 집 마당에 들어서서는 누구네 할배요! 오늘 우리 큰집 할배 생신이라고 아침 잡수러 오시라는데요! 하면 오야! 알았다는 대답이 들려오고는 했다. 마을을 다 돌고 나서 큰집에 가보면 마당엔 커다란 멍석이 펴져 있고, 상도 여러 개 놓여 있었다.

부엌에선 음식을 만드느라 분주했는데, 매번 비슷한 음식들이었던 것 같다. 늘 빠짐없이 김도 구워져 있었는데 그땐 김이 왜 그리 맛있던지…. 귀하다 보니 더 그랬지 싶다.

그리고 갈치만 넣은 갈치조림, 두부조림, 잡채, 파전… 주로 이런 음식들이었다. 큰 행사 때는 부엌에서 일하는 사람들이 많았는데, 고모들이 있을 때면 일을 하다가 몰래 손짓으로 우리를 부르곤 했다.
고모가 앞치마에 손을 닦으면서 뭐 먹고 싶노? 뭐 좀 줄까? 물으면 주로 "잡채"라고 대답했는데, 그런 거 보면 엄마보다도, 숙모들보다도 고모들이 더 애틋했던 것 같다.
친정 조카에 대한 진한 애정! 자기 핏줄에게서 느끼는… 여자들한테는 그런 것이 있다.

그땐 잡채가 그리 맛있었는데, 지금은 아무리 만들어봐도 그때 그 맛이 안 나는데 입맛이 변했는지 당면 맛이 다른지….

생신날 아침 식사가 끝나고는 후식으로 떡이 나가고, 감주도, 묵도 나갔다. 그때까지 마당에 펴져 있던 멍석은 우리가 학교에서 돌아와보면 걷어지고 없었다.

연날리기

어릴 때 나는 잘 놀지도 못하면서 남자아이들이나 하는 놀이를 좋아했다.

그중엔 연날리기가 있었다. 그게 그리 재밌어 보이다 보니 나도 연을 갖고 싶었다.

그렇더라도 위로 언니나 오빠가 있어 연을 만들어줄 리도 없어서 내가 연을 만들기로 했는데, 그땐 달력이 있었으니 그걸로 만들어보기로 했다.

먼저는 달력을 오려서 밥풀로 풀을 만들고 어디 가서 꼬챙이도 하나 꺾어 왔다. 실은 연실이 없어 바느질실인 실꾸리 실로 해보다가, 코 바느질할 때 실을 써 보기도 했다.

연은 양가로 균형 맞는 게 아주 중요한데, 그리고는 꼬리를 달고… 그렇게 만들어진 연을 들고 마당으로 해서 골목으로 뛰어가보면 실이 약해 끊어지는 게 아니라 날

듯하다가 콕 처박히고, 처박히고….

그걸 반복하다가 안 되겠다 싶어 정식으로 연을 만들어 보기로 했다. 그러려면 문 종이가 있어야 했는데, 문구점에서 문 종이를 사려면 일요일이나 되어야 했다.

엄마가 교회에 가셔야 사 올 수 있었는데, 나는 엄마를 졸라 문 종이도 사고 연실도 갖게 되었다. 그때의 기쁨이란!

이번엔 정식으로 만들어야 하니까 아무래도 내가 했다가는 실패할 것 같아서, 아랫집 사는 오빠에게 부탁했다.

지금 생각해보면 그 오빠는 성가셔하면서도 그런 부탁을 잘 들어주곤 했다.

나는 꼬리를 아주 길게 만들어달라고 했던 것 같은데 오빤 너무 길면 안 된다고, 그럼 안 난다고…. 어쨌든 내 연은 잘 만들어졌다. 그걸 들고 들길로 뛰어가다 질 밭둑으로 올라가서 연을 날리던 때… 히야! 연은 높이높이 끝없이 올라갔다.

연실이 다 풀어질 때까지 올라갔다.

누구누구 연이 가장 높이 올라가나? 아이들과 겨뤄보기도… 팽팽히, 긴장된 내 연줄….

그때 손에 느껴지는 감촉이라니!

추운 겨울날엔 연날리기만큼 재밌는 놀이도 없었다.

송아지 낳던 날

어제는 일하는 곳에 나이 많으신 아저씨가 오셔 계산하시다 말고, 주머니서 도토리를 하나 꺼내어 보여주셨다. 벌써 도토리가 익었구나! 싶어 엄시미 커다랗네요. 어느 산에서 따셨어요? 물었더니 바로 앞산에서 주운 것이라기에, 맞다. 우리 바로 앞산에는 참나무들이 즐비하게 서 있는데 거기 도토리가 많이 있단다.

어릴 때 우리 큰집 바로 뒤는 산이었는데, 거기도 커다란 꿀밤 나무가 있었다. 큰집은 마을 제일 안쪽 골 안에 있었는데 내가 어릴 때는 우리 집도 큰집 바로 옆에서 살았다.

큰집 뒷담에는 커다란 호두나무가 있었는데, 그땐 추자나무라 불렀다.

가을이 되어 호두를 딸 때면 손에 노란 물이 들고는 했다.

그리고 또 가을이 되어갈 무렵엔 아이들과 바가지를 들고는 꿀밤을 주우러 갔는데, 나무 밑에는 꿀밤이 후드득~ 떨어져 있었다.

꿀밤 나무를 지나면 조그마한 연못이 있었고, 연못을 지나면 여러 개의 미뿔(무덤)이 있었다. 거기까지 가려면 속세가 많아 자칫 손을 베이기도 했다.

미뿔 둘레에는 포구 나무가 많았는데, 우린 포구라 불렀지만 표준말로는 보리수란다.

가을이 되면 그 나무에 조그마한 빨간 열매가 달려 있었는데, 우린 도시락을 들고 가서 따 먹기도 하고 담아 오기도 했다.

그 무렵은 오후다 보니 오후 가을 햇살이 살포시 보리수 나무 위로 내려앉아 머무르고는 했다.

그 정경은 어린아이가 보기에도 아름다웠다.

내가 아주 어릴 때 큰집 할머니 환갑이라고 온 일가친척 대소가가 한자리에 다 모여서 잔치를 했는데, 그때 그 연못 가까이 매어두었던 우리 소가 송아지를 낳게 되었다.

마당에 있던 친척들이 다 몰려와 송아지 낳는 모습을 구경했는데, 그때 어미 소가 힘겹게 송아지를 낳고는 혀로 열심히 새끼를 핥아주던 기억이 난다. 난 그때 어리지만 사람들이 몰려오던 것이 싫었는데, 아마도 어미 소 생각을 하느라 그랬지 싶다.

손님이 주신 도토리를 보다 어린 날 큰집 둘레 풍경이 어찌 그리 생생하게 떠오르던지!

그건 아마도 어린 날 외갓집과 우리 큰집은 우리들에게 따듯한 기억을 많이 주어서 그렇겠구나! 생각했다.

시계토

우리 시골 산골짜기에는 큰 못, 작은 못 두 못이 있다. 겨울이면 얼음이 꽝꽝! 얼었는데, 마을 아이들은 그 위에서 씽씽! 썰매를 타느라 시간 가는 줄 몰랐다.
밥만 먹으면 썰매를 들고 못으로 갔다.

그땐 썰매를 시게토라고 불렀는데, 스케이트를 줄인 말이리라. 내 동생은 시게토를 가지고 싶어 했는데, 아버지도 그런 건 잘 못 만드시고 마땅히 부탁할 만한 곳도 없었다.
그러다 어느 날 아버지의 사촌 동생인 아지야가 우리 집에 오시게 되어 며칠 묵게 되셨다.

심심해서 그러셨던지, 아지야가 시게토를 만들어주시겠다고 해서 동생들이랑 기대에 가득 차 있었다.
우리도 드디어 시게토가 생기는구나!

아지야는 뒤안에서 슬근슬근 톱질을 하고, 꽝꽝! 못질

을 하고… 그러다 한참이 걸려 다 되었다며, 뒤꼍에서 썰매를 들고나오셨다.

그런데 모양이 여느 아이들 것과는 영 딴판이었던 게, 시게토라는 것이 아이들이 두 발만 얹으면 딱 맞을 크기에, 발이 미끄러지지 않게 앞뒤로 나무를 대고… 그 나머지는 날렵하고 네모반듯한 것이, 아주 정교하다.

그런데 아지야가 만들어준 시게토는 둥그런 나무 원목을 그대로 써서, 뭉뚝한 것이 모양도 우스꽝스럽고 무거워서 들고 다니기에도 힘겨워 보였다.
무거우니 씽씽! 잘 나갈 리도 없었는데 그래도 어찌 되었든 그해에는 동생이 그 썰매를 들고 다니며 잘 탔다.

우리 여자애들은 중학교 다닐 때까지 못에 간 기억이 있는데 우린 썰매는 없고, 운동화를 신은 채로 얼음 위로 달려가 씽! 미끄러지는 그 놀이를 많이 했다.

　방학이라 도회지서 온 아이들은 발에 스케이트를 신고 손은 뒷짐을 진 채 씽씽~ 달렸는데, 촌아이들에게 아주 보란 듯이 타고는 했다. 그 시절엔 그 아이들이 좀 밉상으로 보이더니만….

　그러다 우리가 점점 더 커갈수록 못에 얼음도 얼지 않게 되어 그런 추억도 그때까지였다.

엿장수 생선 장수

'꼬부랑 할머니' 동요 들으니 어릴 때 동네에 생선 팔러 오시던 할머니 생각이 났다.

생선이 든 함지를 머리에 이고 이 동네, 저 동네를 다니시며 생선을 팔던 할머니가 계셨다.

윗마을에서 우리 마을로 오는 길은 제법 내리막길이었는데, 겨울철 눈이 많이 내린 날이면 얼어붙었다. 머리에 생선을 인 할머니는 그 길을 아슬아슬~ 보는 이를 아찔하게 하며 내려오셨는데, 몸을 다치셔도 큰일이지만 생선 함지를 엎어도 예삿일은 아니었으니….

그 할머니가 오시면 엄마는 무슨 생선이든 사셨다. 흥정을 아주 많이 하셔서 탈이었지만 말이다.

그땐 장날 아니면 생선 구경이 어려운 시절이었으니, 자반고등어, 갈치, 동태… 이런 생선들이었지 싶다. 고등어는 특히 겨울철에 소죽을 끓이고 나서 불을 다 때고 난 불씨 위에 구워 먹으면 맛이 아주 최고였다.

무를 굵게 어슷하게 썰어 넣어서, 생선찌개를 끓여도 맛있었다. 그땐 생선을 머리채 넣어서 먹었는데… 맞다. 그땐 고등어 눈알까지도 먹고 그랬었다.

겨울철엔 생선 장수, 여름 한낮엔 짤랑짤랑! 가위질 소리와 함께 리어카를 끌며 엿장수가 마실 오면, 아이들은 동시에 집 안에 고물 없나? 마루 밑을, 그리고 뒤안까지 뒤지느라 야단이었다.

무거운 리어카를 끌고, 엿장수 아저씨가 윗마을로 가는 오르막길은 매번 힘겨워 보여… 꾀가 많은 남자아이 몇몇은 리어카를 밀어주기 위해 따라갔다.

오르막을 다 오르고 난 후 엿장수 아저씨는 탁탁! 가위로 엿을 갈라서 하나씩… 아이들 손에 쥐여주실 게 뻔했기 때문이다.

새끼 꼬기

며칠 지난 신문을 읽고 있는데, 한 시 중에 겨울 이야기가 나왔다. 고려시대 시인이 쓴 시인데, 말은 농한기라 하지만 한시도 마음 편히 쉴 수 없다며⋯.

폭설에 지붕이 내려앉지 않도록 고쳐놔야 하고, 바람에 삐걱거릴 문도 손봐야 하고, 새벽부터 나무도 해놔야 하고 밤이 되면 새끼도 꼬아야 한단다.

글 읽다가는 내 어린 시절 겨울도 어렴풋이 생각났다. 겨울이 되면 아버지가 산에서 나무를 한 짐 해 오셨는데, 그런 아버지를 위해 아침부터 뜨신 밥을 뜨듯한 아랫목 이불 안에 묻어두곤 했다.

나무는 아주 춥지는 않은 양지바른 날에 해 오신 것 같다. 하루하루 쌓인 나뭇단을 나무삐까리라 불렀는데, 나무 무더기 크기가 어느 정도 되고 나면 아버지는, 겨울 양식은 이만하면 되었구나! 그때부터는 마실을 다니셨다.

그보다 더 어렸을 적 겨울엔 웃목에서 새끼 꼬는 소리가 나곤 했는데, 잠결에 짚으로 새끼 꼬는 소리가 썩썩! 들려오던 것 생각하면 그때 나는 소리는 구수하다 해야 할까?

지금 생각해보아도 꽤 듣기 좋은 소리였던 것 같다. 마음을 안정되게, 튼튼하게 해주는 소리 같다고 할까?

그보다 또 더 어렸을 적엔 가마니도 짰는데, 끝엔 돌멩이로 고정해놓아 넘길 때마다 철커덩! 소리가 났던 것도 같다.

아마 가마니 짜는 일도, 새끼 꼬는 일도 밤에 하셨던 것 같은데, 낮에 하기엔 아깝지 않으셨을지?

낮에는 좀 놀아야 하니… 먹을 내기 화투라도 치며 사람들과 시끌벅적 어울려야 하니, 잠이 안 오는 밤에 하기에 제격이지 않았을까 싶다. 그러니 고려시대 시인이 쓴 겨울 이야기가 공감 갔는데, 그런가 하면 산에서 나무해 오기, 새끼 꼬기, 가마니 짜는 일 등은 모내기와 같은 농번기의 고된 농사일에 비하면 수월한 일로 여겨지다 보니, 지금도 그런 일들을 생각하다 보면, 그 시절 겨울은 평화롭고 따스하고 포근했다는 생각이 든다.

디딜방아

내 어릴 때는 집집마다 제사를 지내는 이웃들이 많았다. 우리 집은 큰집이 일찍 기독교 문화를 받아들이는 바람에 제사 지내는 건 못 보고 자랐는데, 마을 대부분 집들은 제사를 지냈다. 그러니 아침이면 음복 돌리는 집들도 많았는데, 오늘은 이 집, 다음엔 저 윗집….
아이가 접시에 담아 온 음복을 받아보면 대개 에계계, 우리가 좋아하는 떡은 늘 몇 개 안 되었다.

그때만 하더라도 대부분 집들이 가난했고, 쌀은 귀하다 보니 떡은 우리 식구들한테 한 개씩이나 돌아갈까, 그랬던 것 같다. 나머지는 파전이나 배추전… 그리고 돔배기 같은 생선들이었다.
나는 그런 생선들은 싫었는데, 익숙하지 않아서 그랬지 싶다.

내가 아주 어릴 땐 떡을 하려면 집에서 쌀을 불리고는

… 마을 몇몇 집에 디딜방아가 있어 그 집으로 가서 방아를 찧었다. 나는 그때 엄마를 따라가서 언제 방아가 다 찧어지나? 기다렸는데, 방아를 한 번 찧고는 체로 가루를 쳐서 덜 빻아진 쌀가루는 다시 한번 방아로 찧고….

쌀가루 찧으러 가는 날은 떡을 하니 좋았지만, 어쩌다 고춧가루 찧으러 갈 때면 에이, 그깟 것~ 하고는 따라갈 생각도 안 했다.

지금도 엄마가 친구네 집 디딜방아로 쌀가루를 곱게 빻아서, 이리저리 흔들면서 체를 치던 모습이 눈에 선하다.

방아는 삐그덕, 한 번 찧고… 삐그덕! 또 한 번 찧고… 디딜방아에선 그런 소리가 났다. 느리게, 더디게….

옛날은 대부분이 그랬었다.

짧은 겨울 해

웃녘 지방은 오늘 눈이 온다는데… 대구는 덜커덩덜커덩~ 바람이 많이 불어서 겨울 느낌이 많이 나는 날씨다.
휘잉~ 바람 지나가는 소리… 나뭇가지의 떨림들! 어린 날의 겨울도 그랬다. 처마 끝엔 대롱대롱 고드름이 매달려 있고…. 그런 날 우리는 점심 먹고 나서는 뭐 하며 놀까? 궁리를 했다.

아주 어렸을 때, 전기밥솥과 밥통이 안 나왔을 무렵엔 군불 땐 방 아랫목 이불 안에는 밥통이 묻어져 있었다. 뚜껑을 열면 밥이 뜨끈뜨끈까지는 아니어도 따듯하거나, 적어도 미지근은 했다.

겨울철엔 엄마가 김장할 때 같이 만든 무말랭이도 참 맛있었다. 고들고들 씹힐 때… 그 맛은 참!
우린 그것을 곤짠지라 불렀다.
특히나 엄마가 곤짠지를 잘 담그셨다.

큰집 오빠는 겨울이 다가오면 특별히 엄마에게 그 김치를 담가달라고 부탁했을 정도였으니….

그런 반찬과 밥으로 점심을 먹고는, 우린 주로 햇볕이 잘 들어오던 담벼락에 기대서 놀다가 심심하면 앞 밭으로 가서는 '고기잡이'라는 시간 가는 줄 모르는 놀이를 했다.

재밌게 놀다 보면 어느새 하루해가 저물어가 아이들은 집으로 가서 물도 길어야 하고, 소죽도 끓여야 했다.

겨울철엔 어른들도 노느라 아이들에게 미루는 집들이 많았다. 아이들도 으레 그런가 보다 하며 때가 되면 알아서 집으로 돌아갔는데, 그러다 보면 겨울은 하루해가 짧았다.

고사리 산

지난주는 시댁이 안동인 친구가 주말엔 고사리 꺾으러 갈 거라더니, 그저께 봤을 땐 고사리를 엄시미 많이 꺾어 왔단다. 산삼도 두어 뿌리 캤다는데… 나도 해마다 봄이 오면, 그 무렵 시골 가게 되면 엄마를 졸라서 고사리 꺾으러도 몇 번 갔다.

뒷산으로 올라가 산속에 들어가서는 엄마는 저쪽, 나는 이쪽에서 고사리를 찾아다녔다. 산을 헤매다 보면 문득 산속에 나 혼자만 있는 것 같아 더럭 겁이 날 때쯤이면, 엄마가 나를 부르는 소리가 들려오고는 했다.
"영미야…!" 부르면 "나 여기 있다…!" 대답했는데, 이때 나는 목소리는 산속이라 메아리가 되어 울려 퍼지곤 했다. 그런 다음 안심하고는 고사리를 찾아 다시 이리저리 헤매며 봄 산을 누벼보던 어느 봄날 한때…

갱빈 야구

오늘 아침 미국서 사는 친구는 메뚜기 사진을 찍어 보내 왔는데, 가게 앞에서 발견했다고 한다.

저도 요즘 나 때문에 옛날 추억 떠올리는 즐거움으로 지낸단다.

어릴 때, 소 먹이러는 산으로도 많이 갔지만 좀 더 커서는 갱빈(강변)으로도 더러 갔다. 그러니까 산에서 갱빈으로 장소가 바뀐 것이다.

거기서는 남자아이들은 주로 야구를 했고, 우리 여자아이들은 공기를 했다. 그러는 동안 소들은 썩 썩~ 소리를 내며 풀을 뜯어 먹는데, 그와 동시에 상큼한 풀 냄새가 사방으로 퍼졌다.

강가에서도 매우 재미있었던 것은 오로지 놀이에만 빠져 있었기 때문인데, 그러다 무슨 영문인지 남자애들이 야구 놀이에도 우리를 끼워줄 때가 있었다. 야구는 생각보다 재밌었다.

타자 했던 기억도 나는 것이 그때 내가 안타를 쳤기 때문인데, 그러다 어느 날은 코에다 공을 맞기도 했다. 야구방망이는 나무를 깎아 만들었는데 어느 날 엄마는 남동생이 하도 야구방망이를 가지고 싶어 하니, 영천 장에까지 가서서 야구방망이를 사 오시기도 했다.

하! 그땐 어린 마음에도 우리가 커가는 것이 못내 아쉬웠는데… 염려대로 잠깐 사이, 우린 금방 다 커버리고 말았다.

지금 우리 집에 딸도, 강아지도 금세 커버리듯이 말이다.

못내 아쉬운 일이었다.

겨울 해 질 무렵

해가 저무는 이 무렵이면 어릴 때 생각이 나곤 한다.

여기 이곳 동네만 하더라도 어느 집 굴뚝에서 저녁연기가 피어오를 것만 같은 게….

우리 어릴 때는 집집마다 소를 키웠다. 소는 여름까지는 풀을 그대로 먹이면 되었지만, 가을부터는 타작하고 나온 짚으로 소죽을 끓여서 먹였다.

죽을 끓일 때는 특유의 냄새가 났는데, 이때 나는 냄새도 좋았다.

시간 가는 줄 모르고 놀던 아이들이 해가 저물어갈 무렵이면 하나둘 집으로 돌아갔는데, 가서는 소죽을 끓이는 아이들이 많았다. 소죽은 가마솥에서 한두 방울씩 눈물이 나오고, 김이 나야 다 끓여진 것이었는데….

그런데 가마솥에서 눈물이 뚝뚝! 떨어지려면 시간이 어

지간히도 많이 걸렸다.

아주아주 한참 불을 때어야 눈물을 흘렸다. 드디어 눈물이 나오면 아이들은 오늘 숙제를 마쳤구나!

그만큼 반가운 눈물이었다. 그 무렵이면 이 집 저 집 굴뚝에서 저녁연기가 피어올랐는데, 누구 집 할 것 없이 가마솥에선 눈물 흘릴 채비를 하고 있었다.

소죽 끓이고 난 불씨 위에다 간고등어라도 구우면 그날은 최고의 저녁이었다.

어린 날 겨울 저녁 냄새는 소죽 끓이는 냄새, 간고등어 굽는 냄새….

오늘 오후에는 바로 앞 밭에서 나이 드신 아저씨가 밭갈이를 하시길래, 저기다 뭐를 심으시려나? 밭둑에는 파가 드문드문 보이던데, 그러니 파는 아닐 테고… 생각하다 어린 시절 고모 따라 파 뿌리 캐러 갔던 날이 생각났다.

우리 작은집 고모는 나보다 나이 아홉 살이 많은데, 내가 고모를 아주 좋아하고 고모도 나를 좋아하다 보니, 어린 시절 작은집에 놀러 가는 것을 좋아했다.

내가 초등학교 입학 전이고 고모는 중학생 때로 기억한다. 어느 날 고모한테 놀러 갔더니, 오후 늦은 시간이라 곧 저녁때가 다 되어올 때라 고모는 저녁 해야 되는데, 파 뿌리 좀 캐 와야겠다. 너도 같이 갈래? 물어와 나는 곧바로 응! 대답하고는 고모 따라 매방 작은집 밭으로 갔다.

밭에는 파가 드문드문, 여기저기에 몇 개씩만 있었는데, 고모는 그중 파 뿌리 몇 개를 뽑아 왔다. 그리고는 풍로였지 싶은데 거기 위에다 양은 냄비를 올리고 된장을 넣고, 나머지 넣은 것이라고는 파밖에 없었는데, 뿌리째 넣었다.

그런데 그 된장찌개는 먹어보기도 전에 냄새부터 기가 막히게 좋았는데, 냄새부터가 너무 맛있었다.

어린 시절 저녁 무렵에는 그 같은 냄새가 골목마다 풍겨오곤 해, 이제 곧 저녁 먹을 시간이 다 되었구나! 가늠하기도 했다.

훗날 고모랑 캐 온 파 뿌리는 이름이 조선파라는 것을 알았다. 요즘도 시장에서 그 파를 볼 때면 어찌 그리 반가운지!
사 와서 찌개를 끓여보면 결코 옛날 그 맛은 나지 않지만 말이다. 맛뿐인가? 향도 예전 그 향을 따라갈 수가 없지만 말이다.

영동할매 오시는 날

어제가 쑥떡을 해서 먹는 날인 음력 2월 1일, 영동할매 오시는 날이었다. 옛날엔 그날도 기다려졌다.

기다리던 설날이 가고 나면 아쉬웠지만, 설은 단번에 가 버리지는 않았다. 설 기분은 한참을 더 갔다.

유과며 강정이며 설음식이 남아 있기 때문인데, 그것들이 떨어질 무렵이 되면 얼마 안 있다 찰밥을 해서 먹는 정월 대보름날이 왔다.

대보름이 지나고 또 얼마 안 있으면 쑥떡을 해 먹는 음력 2월 영동할매 오시는 날이 왔는데, 그날은 그 전 해 봄에 산에서 뜯어 온 귀 쑥으로 쑥떡을 해 먹었다. 이 떡은 콩고물에 묻혀 먹는 떡이라 정말이지 맛있었다.

여태껏 살면서 그때 먹던 쑥떡만큼 맛있는 떡은 못 먹어본 것 같다.

우리 동네 가메골에는 초여름엔 뽕나무 오디 따러 가

고, 낚시하는 친구 오빠 따라 간혹 가기도 했는데, 오월쯤에는 산에 귀 쑥이 올라와 있어 친구들을 졸라서 함께 가곤 했다.

귀 쑥은 이름만큼이나 귀했는데, 들판에 있는 천지삐까리 쑥들과는 비교가 안 되었다.

산을 이리저리 헤매며 다니다 보면 어쩌다 하나씩만 귀 쑥이 보이곤 했는데, 조그마한 것이 앞뒤로 하얀 털이 보송송 난 것이 흡사 알프스산에 있는 에델바이스꽃을 닮았다.

그만큼 고귀하게 생겼다.

산에서 귀 쑥을 발견하면 정말이지 기뻤는데, 그 쑥을 뜯어 오면 엄마는 아이고 야꼬! 이걸 어디서 뜯어 왔드노? 그러고는 햇볕에 바짝 말려서는 망에다 보관하다가, 음력 2월 1일 영동할매 오는 날이 오면 들판에서 뜯어 온 쑥과 섞어 쑥떡을 해주셨다.

귀 쑥으로 만든 쑥떡은 외할머니가 무척 좋아하셔서 할머니를 기쁘게 해드릴 요량으로 봄 산에 올랐던 것인데, 이듬해 봄에 우리 집 오신 할머니는 귀 쑥이 들어간 쑥떡을 용케도 알아채셨다.
귀 쑥이 들어갔구나! 음시미 많이 들어갔네. 어디서 뜯어 왔드노? 이 귀한 거를… 그도 그럴 것이, 그냥 들판에서 뜯어 온 쑥떡이랑은 차원이 달랐다. 씹힐 때의 그 찰진 식감을 어떻게 설명하면 좋을지?

하여간 쑥떡이 너무 맛있어서 우리는 설 지나고 정월 대보름도 지나고 나면, 쑥떡 해 먹는 영동할매 오시는 날이 남아 있어 다행으로 여겼다.

도둑놈 순경 놀이

어릴 때 놀이 중에 도둑놈 순경이란 놀이가 있었다. 아이들을 모아서 두 편으로 나눠 도둑놈 팀, 순경 팀을 정한 뒤 한 명씩 아이들의 숫자를 정해서 노는 놀이였다.

도둑놈은 숫자가 1, 3, 5, 7… 순경은 2, 4, 6, 8… 이렇게 나간다.

달리기를 잘하는 아이일수록 숫자가 높았다. 이 놀이도 우리 때까지만 했던 놀이다 보니, 우리가 가장 어린 편이었다.

나는 달리기도 워낙 못했다 보니, 숫자가 1 아니면 2였다. 이 놀이는 낮에는 안 하고 밤에만 하는 놀이였는데, 어두운 밤보다는 주로 환한 달밤에 많이 했다.

순경이 도둑놈을 잡으러 다니는데… 잡더라도 도둑이 나보다 점수가 높으면 나는 죽는 거였다.

처음엔 각자 흩어져 있다가 자기편끼리 위기의 순간에 손을 잡고는 했다. 손잡은 아이들끼리 숫자의 합이 상대보다 높아야 이겼다.

달밤에 이 골목 저 골목 뛰어다니며 놀이를 할 때, 담벼락에서 아이들이 툭툭! 튀어나오면 우리 편 점수가 높은지, 낮은지 금방 계산할 틈도 없이 일단은 도망부터 가다가 우리가 더 높다 싶으면 뒤돌아서 잡으러 뛰어가고….

남자아이들은 전쟁놀이하며 놀고 우린 이 놀이를 하며 놀았는데, 달밤에 미치도록 재미있고, 무시무시할 만큼 놀이에 빠져들도록 만들었다.

지금도 환한 달밤에 이 골목 저 골목에서, 이 담장 저 담장에서 아이들이 갑자기 툭툭! 튀어나오던 생각을 하면, 그때 놀라던 감정을 그대로 느낄 수 있을 것 같다.

황초굴

어린 시절 우리는 더워서 그랬던지? 더러는 친구네 황초굴 꼭대기로 올라가 놀기도 하였다.

황초굴이란 담배 굽는 굴을 두고 그리 불렀다. 내 친구네는 오래전부터 황초굴이 있었는데, 아직도 그때 생각을 하면 후 덜덜~ 오금이 저려올 것 같은 게, 그만큼 거기 오르는 일은 겁이 났다.

어린 눈에 그 꼭대기는 왜 그리 높아 보이던지… 거기로 올라가려면 가느다랗고 긴 사다리를 타고 올라가야 했는데, 겁 많은 나는 밑에서 놀고 싶은데, 친구들이 그리로 올라가서 놀자 하니 올라가지 않을 수 없었다.

사다리를 몇 칸 오르다 보면 몸이 오그라드는 것이… 중간쯤에서는 이러지도, 저러지도 못한 채, 엄머야! 후들후들… 떨어야 했다.

그러다 결국 다 올라가기는 했는데, 올라가서는 휴! 안도의 숨과 동시에 또 어떻게 내려가나? 걱정부터 앞섰다.

황초굴 꼭대기에서는 친구들과 널빤지에 앉아서 이런저런 재미난 이야기를 하면서 놀다가도 이러다 아래로 툭! 떨어지는 게 아닐까 겁도 났는데, 그도 그럴 것이 널빤지 아래는 텅 빈 허공이었으니 그랬다. 그런데도 친구네 오빠는 거기서 편안히 코를 골며 낮잠도 잘 잤다.

그리고 보면 어린 시절 우리가 올랐던 가장 높은 건물은 황초굴이었던 셈이다. 그러니 진짜 촌아이들이 맞았는데, 거기 올라가서 하는 이야기들은 더 재밌고, 스릴 있고 … 그랬었다.

그리고 낮보다는 밤에 올랐을 때가 훨씬 더 재미있었다.

엿 단지

주말엔 엄마가 대구 오시면서 유과를 가지고 오셨다. 이번 설에는 유과가 먹고 싶다 했더니, 어느 집에서 직접 고운 엿으로 만든 유과가 있다고 해서 사놓으셨단다.

그렇게 달지도 않으면서 어린 시절 설에 먹던 유과 맛과 거의 같았다. 고교 시절 국어책에는 「엿 단지」라는 수필이 실렸었다. 어린 시절 설이 다가오면 가마솥에다 엿을 고았는데 어머니는 불을 지피고, 할머니는 주걱으로 젓고….

어린 소년은 신이 나서 바둑이를 데리고 동구 밖을 몇 바퀴 돌고 와서 엄마! 다 되었어? 물으면 아직 멀었다. 몇 바퀴를 더 돌고 와서는 이제 다 되었어? 물으면 아예 잊고 기다려라! 어린 소년은 에이, 왜 그리 더디냐고 그만 짜증을 내었는데….

그렇게 곤 조청을 할머니는 하루에 한 종지씩 식구들에게 배급을 주셨단다. 받은 조청을 금세 먹어버린 소년은 언제나 자기 종지가 가장 작다고 투정을 부리면 할머니나 어머니는 당신 것을 내어주시곤 하셨다는 내용이다.

이 수필에서처럼, 해마다 설이 다가오면 우리도 집집마다 엿을 고았다. 나도 바둑이를 데리고 동구 밖을 뛰다 온 소년처럼 물었던 기억이 난다.

엄마! 다 되었나? 물으면 아직 멀었다. 그럼 아이 참! 왜 그리 시간 많이 걸리노? 짜증을 내곤 했다.

별 보기, 매, 늑대

그저께 주말 밤에는 동생이랑 조카들이 시골 와서 그날도 별을 보려고 옥상으로 올라갔다. 자리를 깔고 누워서 보다가 그만 스르르 잠이 들었는데, 그날도 여전히 국자 모양, 의자 모양의 북두칠성이 가장 먼저 떴다.

오늘 아침엔 책을 읽는데, 내가 좋아하는 심리학자(김정운)가 있다. 이번에 그분이 낸 책의 주제는 편집에 관한 내용이었는데, 밤하늘의 별에 관한 편집 이야기도 있었다.

'무한한 공간에, 셀 수 없이 많은 별을 도무지 감당하지 못해 사람들은 별자리를 만들어내었다. 곰, 물고기, 쌍둥이, 사자 등등 하늘에 다양한 그림이 그려지자, 사람들은 그 막막하고 캄캄한 밤하늘을 더 이상 두려워하지 않게 되었다. 별자리를 통한 밤하늘의 편집은 꽤 낭만적이다.'

이런 내용인데 꽤 그럴듯한 이야기였다. 왠지 정말로 그랬을 것 같다.

내 어릴 적엔 마당에서 잔 기억이 있는데, 마당에 천막 같은 것을 깔고는 그 위에 요를 깔고… 까슬까슬한 홑이불이 있었는데, 그 이불을 덮고 마당에 누워 잠을 자던 기억이 난다. 그때 까슬까슬한 홑이불 감촉도 참 좋았다.

요즘 같은 한여름이었을 테고, 마당엔 모깃불을 피워놓았던 것 같다.

어릴 때 우리 집은 마을 안쪽이라 산에서 가깝다 보니, 어른들이 산에서 늑대가 내려와 얼라를 물고 가버렸다는 얘기 때문에 혹시, 자는 동안 늑대가 와서 나를 물어 가버리면 어쩌나!

그때 우리 막냇동생은 아기였는데, 동생을 물어 가버리면 어쩌나? 잠들기 전엔 이런 염려를 하기도 했다.

옛날에는 할머니들이 그런 얘기들을 참 많이 하셨다. 매가 와서 얼라를 채 갔다는 둥.

나는 그런 얘기를 들을 때마다 막냇동생 걱정을 하고는 했다. 지나고 보면, 커서 보면 순 다 지어낸 이야기들인데 말이다.

여름 성경 학교

오늘 아침엔 매미들이 귀청이 따가울 정도로 울어대서 그 소리를 듣다가 노래 하나가 생각났다.

맴맴맴맴 매미 소리가 정다웁게 퍼지면
손꼽아서 기다리던 성경 학교 열렸네
참말로 즐겁다, 참말로 즐겁다!

이 노래 생각과 함께 여름 성경 학교도 생각났다.

어린 시절 여름방학이 오면 시골 교회에서도 여름 성경 학교가 열렸다.

나는 그 시절에도 엄마가 다니시는 교회를 가다 안 가다 했지만, 성경 학교는 친구가 다니는 교회를 몇 번 따라간 적이 있다.

골짜기에 핏골교회라는 교회가 있었는데 거기에 가려면

우리는 갱빈으로 걸어가야 했다. 한여름 한낮 햇볕이 얼마나 뜨거웠던지, 한낮에 갱빈 걷는 일은 예삿일이 아니었다.

성경 학교는 그다음 날까지 이어지다 보니 우리 동네 아이들은 자고 온다고 아예 이불 보따리를 들고 갔다.
어느 해엔 마을에 어떤 여자애가 성경 학교 다녀오는 길에, 한낮 햇볕에 어지러워서 쓰러진 적도 있었다. 그 아이 엄마는 그 소식 듣고는 우물물에 미숫가루를 타서 황급히 달려가 더위 먹은 아이를 업고 오셨던 그런 일도 있었다.

성경 학교에서 가장 좋았던 일은 밤에 다른 동네 아이들이 다 집으로 돌아가고 나중엔 우리 동네 아이들만 남았을 때인데, 그때가 제일 재밌었다.
우리끼리 예배당 바닥에 이불을 깔고 잠을 잘 때가 가장 좋았다.

우리들끼리, 마을 아이들끼리 자보는 게 그리 좋았는데, 친구랑 할 말도 많고, 속닥속닥! 귓속말로 얘기할 것들도 많았다.

그러다 불을 끄면 이야기하다 말고 언제 그랬냐는 듯 이내 스르르 잠이 들고는 했다. 그때 잠도 무척 깊었던 것 같은데, 언제 깼던지 창문이 희뿌예지면서 새벽이 오고… 꼬끼오! 닭 우는 소리가 들려왔다.

좀 있으면 목사님 가족이 사는 목사관에서 쌀 씻는 소리가 들려왔는데, 그 소리는 마치 아침을 깨우는 소리 같았다.

그만큼 깨어 있는 소리였다.

그때쯤 우리는 평소 집에서보다는 훨씬 더 일찍 일어나 눈을 비비면서 기지개를 켜고 집에 갈 채비를 했다.

그저께는 친구가 놀러 오면서 과자를 하나 들고 왔는데, 그게 '크라운산도'였다. 산도를 보는데 왜, 어린아이 시절 놀 때 부르던 '우리 집에 왜 왔니?' 이 동요가 생각나던지….

아마도 이 놀이를 하던 시절에 많이 먹던 과자가 산도여서가 아닐까 생각했다.

우리 집에 왜 왔니? 왜 왔니…
꽃 찾으러 왔단다, 왔단다…
무슨 꽃을 찾겠니? 찾겠니…
영미 꽃을 찾겠다, 찾겠다!

내가 태어난 집은 조그마한 초가집이었다. 뒤안에는 감나무가 한 그루 있었는데, 밤이 되면 가끔 부엉이가 날아와 나무 위에 앉아서 부엉! 부엉! 울고는 했다.

그런 날 밤이면 어린아이지만 무시무시하도록 밤이 깊었나 보구나! 생각하곤 했다.

마당도 조그마했는데, 비 온 뒤 어느 정도 시간이 지나면 흙이 폭신폭신해졌다. 밟기에 딱 알맞은 상태가 되었는데, 나는 이때 느낌을 참 좋아했던 것 같다. 그런 어느 날 동네 언니들이 우리 집으로 놀러 왔다.

내가 맏이이다 보니 우리 집에 와서 나랑 놀아줄 언니들이 없었는데, 아마 어느 날은 그런 나와 놀아주기 위해 언니들이 와준 것 같다.

내가 기억하기로는 그랬다.

어린 마음에도 그런 언니들이 고맙고 황송하기까지 했던 기억이 난다. 언니들은 우리 집 마당에서 아이들을 두 편으로 나눈 다음, 우리 집에 왜 왔니? 노래를 부르면서 놀이를 시작했다.

꽃 찾으러 왔단다 왔단다! 무슨 꽃을 찾겠니 찾겠니?

부를 즈음이 되면, 나는 언니들이 혹시 내 이름을 부르면 어쩌지? 부끄러워 어쩌지? 하곤 했는데, 아니나 다를까? 영미 꽃을 찾겠다 찾겠다! 내 이름을 제일 먼저 불러주어 나는 상대편 아이들에게로 가야 했다.

그럼 원래 같은 편 아이들은 아이, 아까워라! 했는데⋯ 그 놀이가 원래 그런 놀이였다.

친구네 집에서도 마찬가지로 그 놀이를 할 때면, 내 이름을 부르면 부끄러워 어쩌나? 그러는 한편 내 이름을 불러주지 않아 나만 남게 되면 어쩌나?

괜한 염려도 했지만, 그런 마음은 대부분 염려에 지나지 않았다.

나는 언니가 없어 그랬던지, 마을엔 꼭 친언니처럼 나를 돌봐주고 예뻐해주던 언니들이 몇 있었다.

어린 시절 그 기억들은 커서도 아주 좋게 작용했던지, 음… 뭐랄까? 그 시절 무슨 꽃을 찾겠니? 놀이할 때, 언니들이 내 이름을 맨 먼저 불러주었을 때처럼, 커서는 내가 먼저 언니들을 좋아해버렸다고 할까?

뿐만이 아니라, 세상 사람들을 향해서도 그러지 않았을지?

그러니까 먼저 우호적이 돼버렸달까?

살다 보니 그런 마음을 잃어버리며 산 적도 많지만 말이다.

밤이 익어갑니다

오늘 오후엔 일터 왔더니 건너 밭 주인아저씨가 장대로 밤을 따고 계신다. 한 아저씨는 장대로 후려치고, 또 한 아저씨는 밤나무 아래서 밤을 줍는데….

참 오랜만에 보는 밤 따는 풍경!

얼마 전에 이야기했던 '추석이 가까워졌습니다. 밤이 익어갑니다. 감도 익어갑니다.' 딱 그 정경이다.

툭하면 새참으로 막걸리, 건빵 사러 오시는 할아버지네 밭머리 맡 밤나무에 밤이 다 익어가나 보다.

우리 동네 두루봉

우리 동네에는 두루박이라는 산이 있다. 아마도 두루봉을 쉽게 부르다 두루박이 되지 않았을까 싶다.

어린 시절 정월 대보름날이 오면, 아이들은 점심을 든든히 먹은 후 마을에서 좀 놀다가는 적당한 시간이 되면 두루박 산으로 올라갔다.

헥헥! 하면서 친구들과 아무리 올라도 꼭대기가 나오지 않아, 아직 멀었나? 몇 번이나 물으며 가다 보면, 드디어 꼭대기가 나타났다.

맨 꼭대기에 올라보면 아주 오래된 무덤 몇 개가 있었는데, 편편한 평지다 보니 거기 올라서 보면 온 마을 들판이 훤히 다 내려다보였다.

미리 올라간 마을 오빠들은 불을 피울 장소를 정하고는 여기저기서 나무를 주워 한곳에 모아두었다. 어린아이들은 제각기 무슨 무슨 이야기들을 하며 불 피울 자리로 모여들었다. 우리 여자아이들은 그날만큼은 특혜를 받게 되었는데, 달구경도 불구경도 공짜로 하게 된 것이다.

 마을 오빠들이 불을 피우는 동안, 아이들은 벌써부터 달을 볼 거라며 하늘을 쳐다보곤 했다. 날은 아직 훤한데, 곧 보름달이 뜰 거라 하니…

 올해는 누가 가장 먼저 보름달을 보게 될까? 궁금해하면서, 내가 가장 먼저 보았으면… 첫 번째 보는 사람에겐 달이 소원을 들어준다고 하니. 무슨 소원을 빌까?
 아이들은 제각각 이런 마음이었으리라.

 그런 마음으로 하염없이 하늘을 보고 있으면 아직은 전혀 뜰 것 같지 않은 하늘에 달이 소문도 없이, 곽제 뜨고는 했다. 누군가 흥분된 목소리로 "어, 저기! 달 떴다" 해서 어디 어디? 나는 안 보이는구만… 하고 올려다보면, 과연 둥그런 보름달이 하늘 높이 떠 있었다.

아이들은 올해도 한발 늦었구나! 아이고, 아까워라. 내가 맨 처음 달을 보아야 하는데….

달구경을 하면서 불을 피우다 보니, 이때 연기도 많이 났다. 솔가지 등을 태우다 보니 더 그랬다. 그땐 어느 마을 할 것 없이 모두 달구경을 갔던 시절이라, 어느 마을에서 연기가 가장 많이 나나? 내기라도 하듯 서로 불을 많이 피웠다.

꼭대기에서 보면 가까이는 사부실 동네, 핏골, 저기 멀리 백자… 그 마을들 꼭대기에서도 연기가 피어올랐다.
어느 마을에서 연기가 가장 많이 나나? 둘러보기도 했는데… 거의 늘 저기! 모레실 마을쯤 되는 곳 산에서 연기가 가장 많이 났다.

산에서 내려온 아이들은 전날 해놓은 찰밥을 먹었는데, 아이들이라 콩가루를 묻혀서 굴려가며 먹고는 했다.

보름날 먹고 남은 콩가루로는, 음력 2월 1일 영동할매 오시는 날이라 해서 쑥떡을 해 먹었는데, 그 쑥떡에 콩가루를 묻혀서 먹었다.

겨울철엔 이래저래 명절도 많고 아이들 놀거리도 많았다.

찔레

오늘 아침 미국 사는 친구는 내가 쓰는 사투리 때문에 한 번씩 웃으며 힐링한다길래, 일부러 그러는 건 아니고 내가 표준말을 몰라서 그런 거라고 말해주었다.

어린 시절 놀이할 때 아이들이 '돔마'라는 말을 많이 썼는데, 커서 보니 '스톱!'을 그리 말한 것 같다.

우린 그저 멋모르고 언니들 따라 한 것인데… 고무줄놀이할 때는 "앞 바까, 뒷 바까 자동차 바까~" 단어 뜻도 모르는 노래를 부르며 놀았는데, 지금 와서 보니 바퀴를 가지고 그리 불렀던 것 같다.

그리고 이 맘(초여름) 무렵이 되면 학교에서 돌아오다 우리 여자애들은 배가 고프다며 찔레를 꺾어 먹었다. 오동통한 찔레를 꺾어 껍질을 벗겨 먹으면 풋내는 좀 났지만 그런대로 먹을 만했다.

가방을 한자리에 모아두고는, 친구들과 언덕배기로 올라가 찔레를 꺾어 와서는, 누구 찔레가 제일 통통한지 재어도 보았는데, 보나 마나 늘상 내 찔레가 가장 볼품없었다.

그러다 심심하면 우리보다 한 살 많은 여자애가 이야기보따리를 풀었다. 주로 도깨비와 귀신 이야기를 많이 해준 친구인데, 이야기를 얼마나 재밌고 실감 나게 잘하던지!
우리는 이야기에 빠져 시간 가는 줄도 몰랐다.

눈이 아주 새카맣고 커다란 아이였는데, 거기다 머리도 길었다. 그런 애가 눈을 껌뻑이며 이야기하는데… 지금 생각해보면 탤런트 장서희를 많이 닮은 얼굴이 아니었나 싶다. 그애가 무서운 이야길 해줄 때는 그야말로 섬뜩섬뜩했다. 낮에야 재밌었지만, 밤이 되면 화장실을 못 갔으니….

찔레 꺾어 먹다 이야기판이 벌어지는 바람에 하교가 늦어져, 집에 와서는 이런저런 이유로 혼이 나기도 했다.

외갓집 가는 길

초등학교 시절 여름방학이 오면 우리 남매는 외갓집엘 가곤 했는데, 우리 외갓집은 부산이라 시골에서 부산으로 가려면 버스를 세 번 갈아타야 했다.

우리 시골서 영천… 영천서 경주… 경주서 부산.

여러 번 갈아타야 했는데, 청송 골짜기서 영천에 다 와 갈 무렵이면, 이제 곧 도회지가 가까워지나 보다 하며 좋아했다. 영천 가까워지면 산을 지날 때 길가에 모래를 넣어 담아둔 소화전이 있었기 때문이다.

그걸 보면서 곧 도시구나! 반가워했는데, 우리 시골은 그런 게 없었다.

그러다 영천서 경주 가는 버스를 타고… 영천에서 경주는 금방이었다.

아, 경주! 나는 그 시절부터 경주를 그리 좋아했다.

어린 눈에 보이는 경주는 신비롭고 아름답고, 그러니 좀 더 오래 보고 싶고 그랬는데 버스는 금세 경주를 지나가 버리곤 했다.

어떻게 저렇게 큰 미뿔(무덤)이 있노? 하는 사이 신비한 도시 경주는 퍼뜩 지나고 말았다. 그러다 6학년 되어 수학여행을 경주로 갔을 때는 나는 지나가보기만 했을 뿐인데도 경주가 내 도시나 되는 것처럼, 자랑스러워하고 으스대고 싶고….

그런데 왜 안 그랬겠나? 친구들은 대부분 경주가 처음일 텐데, 나는 지나가보기라도 했으니 말이다.

경주에서 부산은 버스를 타고 한참을 가야 했다. 그러다 부산이 점점 가까워질 무렵부터는 영천서 소화전 보는 거와는 차원이 다른 모습들이 나타났는데, 산 곳곳에 있는 커다란 광고판이 그랬다.

그때 광고판은 대도시의 상징 같았는데, 그런 것들이 보이기 시작하면 이제 곧 부산이구나! 드디어 부산에 다 와 가는구나!

그러면서 그때부터 슬슬 걱정되기 시작했다. 외갓집 식구들에게 인사는 어떻게 해야 하나? 뭐라고 인사해야 하노?

가까운 사람들에게 인사는 어린 마음에도 애매한 것이, 학교에서 배운 "안녕하세요?"는 좀 그렇지 않나! 그럼 뭐라 인사할까? 머라 카꼬? 고민이 시작되었다.

동생 뒷집 장보기

오늘 아침엔 감자 반찬을 만들어보았다.

감자를 채 썰고… 다 익어갈 무렵엔 풋고추도 넣고, 하지만 아무리 해봐도 옛날 맛은 나지 않았다.

같은 감자에 같은 양념들인데, 곤로와 가스레인지 차인가? 생각도 해보았는데….

어린 시절 엄마가 밭에 가셔서 늦게 오시면 나는 조금이라도 엄마를 편하게 해드리고 싶은 마음에, 미리 밥을 해놓았다.

그리고는 감자 반찬도 만들었는데 동생들은 맛있다고 아주 잘 먹었다. 우리 어릴 때는 지금 그 나이 아이들은 상상도 못 할 그런 일들을 했다.

내 동생이 아홉 살쯤이었는데, 모내기 철이었고… 어느 날 뒷집 아주머니가 동생에게 심부름을 시키셨다. 그다음 날 뒷집에 놉(일꾼)을 해서 모내기를 하는데, 동생한테 장을 좀 봐 오라며 쪽지에 찬거리를 적어주셨다. 그때 동생이 자전거를 탈 줄 알았기 때문이다.

그래 봤자 아홉 살짜리 꼬마인 동생은 그 부탁을 받고, 어둑어둑해질 무렵 자전거를 타고 장터로 갔다.

그랬는데 해가 다 빠지고, 깜깜해졌는데도 아이가 오지 않아 우리 집도 걱정하고 뒷집 식구들도 걱정하고, 그리고 너무 미안해하셨다.

그러다 한참 후에 동생이 왔는데, 우리 마을 오기 전에 웃목골이라는 마을이 있다. 그 마을에 다 와갈 무렵이었는데….

그때는 도로가 다 비포장이다 보니 길이 다 울퉁불퉁했다.

그러니 자전거에 장 본 거 싣고 오다가 그만 그 길에서 붕~ 날아서 모내기 끝낸 논에 자전거와 함께 처박혀버려, 자전거가 흙 범벅이 되고… 옷도 다 버리고, 논에는 닭이며, 양배추며 장 본 것들이 둥둥~ 떠다니고….

어린아이가 얼마나 난감했겠나! 그리고 화도 나지 않았겠나? 동생은 씩씩거리며 둥둥 떠다니는 것들을 건져서 다시 실어 오느라 그리 늦게 되었단다.

지금이야 뭐 그럴 일이 있겠냐마는… 그땐 그랬었다. 그 조그마한 얼라를 믿고, 장보기 심부름을 시키던 뒷집 아주머니도, 그 집 식구들도 이제는 모두 마을에서 볼 수 없으니, 그리운 얼굴들이 되었다.

감자 바지게

어제 시골 사는 친구가 보내준 감자밭 사진은 나랑 미국에 사는 친구에게 보내주었다는데, 오늘 아침 미국 친구는 그 사진 보며 그동안 잊고 지냈던 기억들이 떠오르더란다.

마당에 있던 백솥 단지에서 감자와 옥수수를 쪄주시던 할머니! 그때 솥 밑 둥지에 누렇게 탄 감자가 어찌 그리 맛있던지, 외삼촌과 밭고랑에서 감자 심던 날도 생각났다고 한다.

지금도 친구 아들은 엄마가 만든 음식 중에서 감자볶음이 가장 맛있다는데, 그러니 친구는 감자채 써는 일은 자신 있다고 한다.

나도 감자! 하면 또 떠오르는 기억이 있는데, 이른 봄에 밭에다 감자를 심을 때 감자 씨눈을 먼저 잘라낸 다음 남은 감자로 반찬을 해 먹었던 기억이다.

밭에서 금방 캐 온 감자도 맛있었지만, 씨눈을 잘라내고 난 다음 쭈그렁해진 감자로 반찬을 해 먹어도 아주 맛있었다.

그 감자를 깎을 땐 꼬들꼬들했는데, 그걸 썰어서 개 밥그릇 같은 냄비에다 넣고… 왜냐하면, 소죽 끓이는 아궁이에다 냄비를 자꾸 넣으면 그을려서 나중엔 냄비 모양이 그리된다.

소죽 끓이고 난 뒤, 남은 불씨 위에다 감자 반찬을 만들어 먹으면 맛이 기가 막혔다.

그러다 몇 달이 지나 아버지가 밭에서 난 햇감자를 바지게에다 지고 오셔서 헛간에다 수북이 부어놓으면 그야말로 부자 된 기분이었다.

어쩌다 감자 캐는 계절에 밭에 따라가보면 주렁주렁! 달린 감자를 캐는 일은 어떤 곡식 수확보다 재미있었다.

학교 사과나무

우리 초등학교에는 과수원이 딸려 있었다. 학교 바로 옆은 냇가였는데, 윗대에서 냇가 옆 갱빈을 개간해서 과수원을 만든 것으로 알고 있다.

사과나무는 우리가 입학하기 전에 심어놨는데, 내 기억으로는 우리가 4학년 때 첫 수확을 했던 것 같다. 그날은 수업 마치고 운동회 연습하느라 운동장서 무용하던 날이었는데, 어느 선생님이 바케스에 사과를 가득 따 와서 아이들에게 하나씩 나누어주셨다.

그 시절 과수원 있는 집은 다 부잣집이었고, 그때 있던 사과들은 대부분 홍옥, 국강… 이런 품종이었다. 학교서 심은 사과는 신 품종이었는데, 그날 우리가 먹었던 사과 이름은 '스타킹'이라는 품종이었다. 이름이 특이해서 기억한다.

그때 사과 이름들이 그랬다. 인도, 유고… 등등 나라 이름들도 있었다.

어느 해부터는 5학년 이상부터 학생 한 명당 사과나무 한 그루씩 자기 나무를 정해주셨다.

나무에다 명찰을 달아주었는데, 내가 5학년 때, 5학년 1반 박영미 명찰이 달린 나무를 보고는 어찌나 감동했던지 … 드디어 나도 나무를 갖게 되었구나!

처음으로 내 나무가 생긴 것이다.

그것도 사과나무로 말이다.

정말이지 꼭 내 나무 같았다.

우린 각자 풀을 뽑아주면서 자기 나무를 가꾸어야 했는데, 풀 뽑는 거 외엔 할 수 있는 게 거의 없었지만 말이다.

지금 생각해보아도 그 시절 선생님을 비롯한 여러분들은 어찌 그런 생각을 하셨을지?

누군가 심어둔 나무로 우린 뿌듯했고, 부자 학교에 다니기라도 하듯 우쭐해지기도 했다.

뒷집 아주머니

어린 시절 여름날엔 마당에서 저녁을 먹을 때도 많았다.
해 지고 나면 멍석 같은 자리를 깔고는, 둥그런 상을 펴고 수저도 미리 놓아둔다.

엄마는 부엌에서 밥을 하셨는데, 손국수도 많이 하셨지만 별미라고 보리밥도 자주 하셨다.
된장 보글보글 끓이고 반찬이야 뭐, 주로 밭에서 난 것들인데 가지나물, 풋고추찜… 이런 것들이 대부분이었다.
담장에 대롱대롱 달린 애호박을 따 와 호박볶음도 자주 해주셨다.

이웃분들도 오셨는데, 우리 집은 특히 뒷집과 친하다 보니 그 집 식구들과 함께 저녁 먹을 때도 많았다. 뒷집 아주머니는 싱겁고, 마음씨도 아주 좋으신 분이었는데, 반찬 솜씨도 참 좋으셨다.

손만 한번 슬쩍! 대었을 뿐인데도 그 손맛이 일품이다 보니….

내가 아이를 가졌을 때인데, 그 무렵 잠시 시골에 가 있던 때가 있었다. 어느 날은 불 때고 난 아궁이 불씨 위에서 구운 간고등어가 먹고 싶다 했더니, 그걸 흘려듣지 않으신 아주머니는 어느 날 저녁때 나를 부르셨다.

뒷집으로 가보니 일부러 아궁이에다 불을 때서 간고등어를 구워놓으셨다. 된장찌개도 바글바글 끓여놓고, 무생채 나물에다 여러 가지 나물 반찬들을 맛있게 장만해놓으셨는데, 게다가 보리쌀 불려 보리밥까지….

아마도 그날 먹었던 그 밥만큼 맛있고 따듯한 저녁밥은 앞으로도 먹어보기가 힘들지 싶다.

오후 출근길에 보면 '강된장 맛있는 집'이란 식당이 있다. 지날 때마다 언제 한번 저기 가서 밥 먹어봐야지! 하면서도 자꾸만 지나오게 되는 집이다.

  그런데 어디 뒷집 아주머니가 해주시던 그 밥만큼이야 맛있으려고…? 너무 당연하지 않겠나!

  지금도 '뒷집' 하면 싱겁고 마음씨 좋던 아주머니와, 그 날 간고등어를 굽기 위해 군불 넣었던 아궁이 굴뚝에서 연기가 피어오르던 그 장면이 생각나고는 한다.
  아주 따듯한 기억이라 그럴 것이다.

모내기 철

시골 와서는 뒤껻으로 가서 돌나물도 뜯어 오고, 참나물도 뜯어 오고, 색깔 좋은 상추도 뽑아 왔다.

엄마는 교회서 점심을 드시고 오실 거라 하고, 아버지는 장터로 가셨는데, 그게 아니더라도 아버진 푸성귀 밥상은 싫어하시니 순전히 나를 위한, 나만의 점심상을 차리게 되었다.

오전엔 어느 분께 오늘 오후에 우리 집은 기계로 모를 심을 거라서, 마당에 있는 모판을 경운기에 실었다는 이야길 했더니, 모내기 이야기에 돌아가신 어머니가 생각났단다. 어머니 생각에 눈물짓게 되었단다.

어린 시절 그 집도 모내기 하루 전날엔 어머니가 장에 가셔서 돼지고기 한두 근에다 고등어 두 손을 사 오셨단다. 어머니는 하루 전날부터 부엌에서 음식 장만을 하시고, 할머니는 감주를 만드신다고 왕겨 불을 보시느라 마당을 왔다 갔다 하셨단다.

그 집은 모내기 날엔 왕겨로 감주를 만들었다는데, 그렇게 만든 음식을 어머니는 머리에 이고, 손에 들고는 들로 가시면 모를 심던 놉 꾼들은 논둑으로 나와 밥 드시고, 참 드시며… 일꾼들도 잠시나마 쉬게 되셨단다.

그 시절엔 모내기 하는 집 아이들 중에는 학교 안 가는 아이들도 더러 있었다 보니, 어린 날을 떠올리게 했단다. 돌아가신 어머니 생각이 나게 했단다.

누에 뽕

지난주에 놀러 오겠다던 친구가 오늘 오게 되어서 둘이 점심 먹고는, 불로 고분군 동그란 뽕나무 그늘 아래 자리를 깔고 앉았다.

집에서 나올 때 과일 도시락도 싸 갖고 왔다 보니 후식으로 과일까지 먹었는데, 며칠 사이 고분군 오디도 새카맣게 익어 있었다. 오늘도 초여름 바람이 시원하게 불어 주고 있는데, 뽕나무 그늘 아래라 더 시원하게 더 기분 좋게 느껴진다.

어젯밤엔 뽕나무 생각을 하다 어릴 때 집에서 기르던 누에 생각이 났다. 우리 어린 시절엔 동네 대부분 집들이 부업으로 누에를 먹였다.

처음 누에씨를 받아 왔을 때를 생각해보면 너무 작아, 저것이 고치가 된단 말이가? 어린 마음에 신기했다. 엄마는 누에에게 먹일 거라며 골 안 뽕밭에 가서서 어린 뽕잎을 따 오셨다.

올라온 지 얼마 안 되는 연하디연한 어린 뽕잎을 칼로 아주 잘게 쫑쫑~ 썰어서 누에 밥을 주었는데, 그때 나는 어린 뽕잎 풀 냄새가 참 좋았다.

누에는 조금씩 커갔는데, 누에가 크는 만큼 뽕밭에 뽕잎도 성큼성큼 커갔다.

뽕잎을 먹은 누에도 하루가 다르게 커갔는데. 누에가 자란 만큼 뽕잎을 아주 잘게 썰어주지 않아도 되었다.

나중에는 커다란 뽕잎을, 그보다 더 자라서는 아예 뽕나무를 가지채 베어 와서 방에 넣어주어도 되었다.

누에들이 나뭇가지를 타고 올라가 뽕잎을 갉아 먹었는데, 그때 가만히 귀 기울여보면 사각사각~ 쉬지 않고 뽕잎을 갉아 먹었는데, 이때 나는 향과 소리는 꼭 수채화 같다 할까?

그만큼 상큼하게 느껴졌으니 그랬다.

비가 오는 날은 비 맞은 뽕잎 가지를 그대로 주어도 탈이 없었는데 누에들이 자라 어른이 되었다 보니… 이제 고치 만들 일만 남게 되었다.

장날

그저께 불로 장날엔 앵두를 한 홉 샀다.

어린 시절 장날이 되면 쿵쿵쿵! 건넛마을 정미소에서 방아 찧는 소리부터 들려왔다.

그 소리가 나면 오늘이 장날이구나! 어린 우리들도 알 수 있었다. 그날은 어른들이 하던 일을 멈추고, 마뜩은(깨끗한) 옷으로 갈아입고는 등에 짐 지고, 머리에는 이고 모두 장에 가셨다.

여름 무렵, 장날엔 우리는 학교에서 돌아오자마자 항아리 쪽부터 가보곤 했다. 그 안에 무언가 들어 있을 때가 많았기 때문이다. 물동이 안엔 동동 노란 참외가 떠 있든지, 수박이 있든지 그런 기대가 되었기 때문인데, 그중 나는 참외를 아주 좋아했다.

참외는 미처 항아리 안을 보기도 전에 특유의 냄새부터 났는데, 나는 그 냄새를 특히 좋아했다. 좀 실망스러운 날도 있었는데, 참외나 수박 대신 토마토가 있던 날이 그런 날이다.

엄마는 우리를 실망시키곤 하셨지만, 아버지는 그런 적이 거의 없으셨다. 과일 나오는 철엔 과일, 아니면 도나스(도넛)라도 사 오시곤 했다.

그러니 그 시절 우리에게는 장날도 기다리던 날 중 하나였다.

이발소

초등학교 1, 2학년 때까지 나는 머리를 이발소에서 깎았다.

인근에는 미용실이 없었고, 학교에서 가까운 제법 큰 동네에 이발소가 있었기 때문이다.

머리 깎는 날이면 학교를 파하고 동무들은 모두 집으로 갔는데, 나 혼자 탈래탈래 걸어 이발소가 있는 동네로 갔다.

그 시절 동무들은 모두 집에서 머릴 깎았는데, 나는 이발소에서 깎았으니 나름 특혜를 받았다고 할까.

지금도 그 이발소를 떠올리면 양쪽에 커다란 거울이 있고, 맞은편 거울 바로 옆 벽에는 푸시킨의 시 「삶」이 적힌 액자가 걸려 있던 게 생각난다.

'삶이 그대를 속일지라도…'

의자는 대부분 어른들이 앉던 의자라 나 같은 아이는 빨래판 같은 판때기를 올려놓고 앉았는데, 그때 내가 했던 머리는 가리야라는 머리 스타일이었다.

앞은 단발머리, 뒤는 남자아이처럼 깎는 모양이었는데, 나름 세련된 머리였다. 머리 깎는 가격은 팔십 원이었는데, 아버지는 늘상 백 원을 주시곤 했다. 나머지 이십 원으로는 과자 사 먹으라고…

머리 깎으러 가는 날은 과자 사 먹는 일 때문에 좋아했다. 그때 과자는 대부분 20원 했는데 새우깡, 꿀 꽈배기, 바나나킥~ 그 과자들이 지금껏 나온다.

아이들은 다 집으로 가고, 나 혼자 이발소 가서 머리 깎은 뒤, 남은 돈으로는 점빵 가서 과자 한 봉지를 사 들고는 낭창하게 먹으면서 가던 일이 생생하게 떠오른다.

우리 동네로 가려면 가는 길에 건너야 하는 개울이 있

었는데, 개울가에 도착할 즈음 과자는 동이 나곤 했다.

이제 물을 건너야 하는 일이 남았는데, 그때 아슬아슬한 통나무 다리를 건너든가, 폴짝 뛰어 징검다리를 건너든가, 아님 둥둥 바지를 걷어서 물을 건너야 했다.

건너고 나서 혼자 타박타박 걸어가다 마을 사람이라도 만나면 니 와 이리 늦게 오노, 와 혼자 오노? 나머지 공부 했드나? 물어오는 어른들도 있었다.

지금도 그때 생각을 해보면 어린아이지만 외로움이나 쓸쓸한 감정을 알았던 것 같은데, 좋기도 하고, 아니기도 한, 양가감정을 그때 느낄 줄 알았던 것 같다.

어려서부터 나는 그 비슷한 감정을 더러, 언뜻언뜻 느끼고는 했다. 여느 아이들과는 달리 말이다.

정월 대보름날 밤이 되면 마을 언니들이 집집마다 다니며 "찰밥 쫌 주소!"를 했다.

우리 집은 마을 저 안쪽에 있어도 언니들이 다녀갔는데, 그렇게 모인 찰밥을 언니들이 제각각 먹어보고는 누구네 집 찰밥이 제일 맛있네, 올해 이 집 농사 잘되겠구나! 평가했단다.

어릴 때라 항상 내가 잠든 뒤에 언니들이 다녀가고는 해서, 나는 찰밥 쫌 주소! 할 때의 그 목소리들이 참 궁금했다.

우리 때는 그러면서 놀지는 못했고, 누구네 집에 어른이 집을 비우면 그 집에 모여서 '밥디리'라는 것을 했다.

먼저는 아버지 밥그릇 뚜껑에 한 그 될 만큼의 쌀을 거뒀는데, 그런 다음 조만한 여자아이들 대여섯 명이 부엌

바닥에 쪼그리고 앉아 쌀을 씻어 불리고, 검은 솥에다 불을 때고는 뜸을 들여서 밥을 했다.

그러니까 어른들 흉내를 낸 것이다.

대부분 언니들이라 고슬고슬 밥은 아주 잘되었다. 그 시절 쌀밥은 참 맛있었다.

반찬은 각자 집에서 가지고 온 김장김치가 있었으니… 계절이 대부분 겨울이라 땅속 항아리서 꺼내 온 김장김치는 누구네 할 것 없이 다 맛있었다.

옛날 김치는 무가 들어가 시원했는데, 우리도 어른들처럼 김치를 손으로 쭉쭉! 찢어서 먹고, 무는 젓가락에 꽂아 먹기도 했다. 그때는 시원한 동치미도 있었다.

저녁밥을 배불리 먹고 나서는 이런저런 별의별 이야기, 놀이들을 하며 깊고 긴 겨울밤을 시간 가는 줄 모른 채 보내고는 했다.

그도 그럴 것이 밥디리의 목적은 아이들이 모여 재밌게 놀며 함께 잠을 자보고 밤새도록 놀아보는, 거기에 있었으니….

풋콩 까던 날

어젯밤에는 낮에 친구가 했던 술빵 이야기가 생각나 냉장고에 있던 풋콩을 꺼냈다. 풋콩은 일요일에 동네 시장에서 한 홉 사놨는데, 괜히 생각이 나서 정겨운 마음에 냉장고에 있던 것을 꺼낸 것이다.

어느 해 여름날! 저녁 답엔 시골서 이른 저녁을 먹고는, 장독대에 앉아 풋콩을 깐 적이 있다. 어둠이 채 내리지 않은 저녁 답이었는데, 낮 동안 여름 햇볕에 달구어진 장독대 바닥은 뜨듯했다.
거기 앉아서 한가로이 풋콩을 까며 아, 평화롭네! 느끼던 순간이 있었다. 장독대에는 반들반들~ 윤이 나는 항아리들이 가지런하고, 여름 저녁 산들바람은 시원하게 불어주었다.

그날, 여름날 저녁 무렵의 풋풋한 정서가 내게 남아 있어서인지? 괜히 풋콩이 까고 싶어졌다.

내가 좋아하는 소설 『토지』에선 마을의 어느 집 아낙이 헛간 앞에서 풋콩을 까고 있는데, 그때 이웃에 사는 아낙이 마실 와서 그 광경을 보고는, 성님! 풋콩 까요? 아즉 삐죽을 낀데요. 하더라만 내가 깐 풋콩은 그렇지는 않았다. 삐죽지는 않고 제법 영글었다.

어젯밤 풋콩은 여유 때문인지 몰라도 나를 그 여름날 저녁 답 무렵 장독대로 데려가 앉히고는, 다시금 그 평화를 맛보게 해주었다.

감자 새참

어제는 퇴근 후 집으로 와서 감자를 볶아 먹었다. 그 옛날 감자 껍질을 숟가락으로 벗겨 검은 무쇠솥에서 쪄 먹던 그때처럼 해보았다. 소금 넣고, 사카린 녹여서 찐 감자를 그 시절엔 감자 볶아 먹는다! 표현을 썼다.

비 오는 날 농사일을 쉬는 날이면 엄마는 감자를 볶아주셨다. 아주 어렸을 때 내가 맨 처음으로 들일 나가신 엄마, 아버지께 새참으로 내갔던 것도 감자볶음이었다.

조그마한 어린아이가 숟가락으로 감자 껍질 벗겨서 검정 무쇠솥에다 넣고 불을 때서 감자를 쪘다. 그러고는 찬합에 담아 보자기에 싸서 식기 전에 부모님께 갖다드린다고, 좁은 논둑길을 엎어질라 조심히 종종걸음으로 걸어가던 기억이 났다.

들에서 일하시다 말고 엄마, 아버지는 그런 나를 보며

뭐 하러 이런 건 해 왔노! 하시면서도 잠시나마 일손을 쉬게 되셨다.

 돌아오는 길은 이제 감자 식을라 조바심 내지 않아도 되니 한가롭고 낭창하게 걸어오는데, 들녘 어디에선가 뻐꾸기는 뻐꾹뻐꾹! 뜸부기도 뜸북뜸북….

 그때 생각을 해보면 감자는 추억이고, 그리움이고 그리고 기특함이 아닐까 생각했다.

고디 잡기

어제 아침엔 고디 국을 끓이게 되었다.

지금도 시골 가게 되면 여름날 오후 뙤약볕이 어느 정도 식고 나면, 나는 혼자 냇가로 고디 잡으러 가곤 한다.

강가에서 신발을 벗고는 물에 들어가서 처음엔 조심조심하지만 좀 있다가는 옷을 흠뻑 다 버리고 마는데, 그대로 물속에 앉아버린다.

이때의 시원함도 형용할 수 없을 만큼 좋다.

고디는 망으로 잡을 때도 있지만 그냥 눈으로 봐도 선명하게 잘 보인다. 돌을 하나씩 하나씩 들시면서 모래 속에, 돌멩이에 딱 붙어 있는 고디를 잡을 때면… 그거야 뭐, 늘 재미있다. 시간 가는 줄 모른다.

그러다 보면 해가 빠지고 고디 담은 그릇도 제법 무거워지는데, 그 무렵이면 엄마가 날 찾으러 냇가로 오신다.

고디 그릇을 보시고는, 아이고 야꼬! 엄시미 마이 잡았네!

고디잡이도 끝이 난다.

올여름에도 시골 가게 되면, 냇가로 고디 잡으러 가야지! 생각하고 있는데, 작년 여름에는 그 무렵 냇가로 가는데 우리 강아지 옹주가 집에서 울어 울어 난리가 났다.
곧 안 짖겠지 했는데, 웃마을 다 지날 때까지 울음이 그치지 않아 하는 수 없이 돌아왔다.
얘를 데리고 강으로 가려니 뱀이 있을까 겁나고….
이번 여름엔 또 어찌 될라는지?
이제 고디 국 끓일 줄도 아는구만….

그러거나 말거나 이번엔 고디 잡으러 가야겠다.
지금 즈음 냇가에 발을 담그고 있으면, 고디만 잡는 게 아니다.

올케랑 고사리

시골 왔더니, 마침 고사리 철이라 고사리 꺾으러나 가봐야겠다 싶어, 마지못해 따라나서는 올케를 데리고 골 안 뒷산으로 올라갔다.

고사리가 어에 생겼는지도 모른다는 올케한테 구경이라도 시켜줘야 할 텐데, 그러니 고사리가 있어야 할 텐데….

고사리는 꼭 아가야 손같이 생겼어, 아가가 주먹을 꼭 쥔 모양이야! 올케에게 말해주고는, 산을 이리저리 헤매어 보아도, 고사리는 쉽사리 보이지 않았다.
 좀 더 살펴보다가 없으면 내려가자. 말하고는 계속해서 산을 오르는데, 그제서야 고사리밥이 보이고, 한두 개씩 고사리도 보였다. 얼마나 반갑던지….
 거 봐라! 뭐든 포기만 하지 않으면 원하던 것을 볼 수 있다니깐!

여기저기서 고사리를 꺾는 동안은 신이 나다 보니 무서워하던 뱀 생각도 잊어버리고, 멧돼지에 대한 공포도… 막상 산에 가니 아무 생각도 나지 않았다.

둘이 한 주먹씩 고사리를 끊고 내려오는 길, 바람이 어찌나 시원하던지! 나물 꾼을 위한 바람이라고 이름 붙여 주었다.

돌아와서는 입고 갔던 옷가지 몇 개를 빨아서 널려고 옥상 올라왔더니, 벌써 저녁 답이 다가온다고 개구리가 울고, 아랫집 닭장에선 암탉이 꼬끼오! 달걀을 낳았나 보다.

참새는 짹짹! 울어 그 소리가 정겨워 가만있지 못하겠기에, 내려가서 커피 한 잔 진하게 타 왔다. 부모님이 몇 년 전 옥상에다 제법 예쁜 방을 하나 지어놓았다 보니… 나는 여기가 꼭 다산 초당이라도 되는 느낌이다. 마치 그곳에 앉아 있는 기분마저 드는데….

그만큼 만족스러운 하루라 그렇지 않을까 생각했다.

낮에 산속에서 불어주던 나물 꾼을 위한 바람은, 지금은 저녁 산들바람이 되어 불어주고 있다.

이따금 어린 시절에 보았던 여름밤 하늘이 생각나곤 하는데, 그저께 들었던 팝송 '원 썸머 나잇' 들으면서도 그랬다.

까만 밤하늘에 수놓인 무수한 별들! 그리고 은하수….

그 하늘 아래서 별 보며 그리고 은하수 보며 노래 부르던 어린 시절 생각이 났다.

어젯밤 드라마를 보는데, 거기서도 우리 같은 이야기가 나왔다. 어느 여름날에 마을 청년들이 모여서 물놀이를 갔는데, 한낮에는 개울에서 반도로 물고기 잡아 매운탕 끓이고, 냇물에 동동동~ 수박 띄워놓고, 참외도 띄워놓고….

물고기 잡는 데는 우리도 많이 따라다녔다. 우린 뙤약볕 한낮보다는 밤에 하는 불치기 고기잡이가 훨씬 더 재미있다 보니 주로 밤에 많이 따라다녔다.

드라마에서도 밤이 되니 우리처럼 모닥불을 피우고, 밤하늘을 올려다보면서 기타 치며 노래를 부르는가 하면, 젊은 아빠는 어린 딸에게 밤하늘의 은하수를 가리키며 "저건 은하수란다. 밤하늘에 있는 시냇물이지."

아빠 말을 듣던 딸은 그런데 왜, 어떻게 시냇물이 하늘에 있어? 물었더니, 그거야 너 보라고 있는 거지! 아빠가 대답했는데….

지금도 나는 시골 고향집 가면 밤만 되면 슬쩍, 마당으로 나와 서성거려보고는 한다. 그러다 삽짝(골목)도 거닐어보는데, 그건 다 밤하늘을 보기 위해서 그러는 거다. 하늘을 올려다보며 오늘은 별이 떴으려나? 몇 개나 떴으려나?

여름밤이면 은하수도 찾아보곤 하는데, 은하수는 언제 보고 못 보았던지… 한참이 된 것 같다.

언제부터인가 시골에서도 은하수 보기가 어려워졌다.

그렇지만 아주 아쉽지만은 않은 게, 은하수는 마음만 먹으면 늘, 언제든지 마음으로 볼 수 있으니, 상상으로도 볼 수 있으니….

내 이럴 줄 알고 어린 시절부터 은하수며 반딧불이며 아주 많이 봐두었으니, 그것도 다행이지 않겠는가.

영제 오빠 낚시

어릴 때 아랫집에 살던 친구 오빠는 겨울이면 꿩이나 토끼를 잘 잡아 왔다. 그런 재주가 남달랐는데….

꿩 잡을 때는 꿩들이 잘 먹는 열매가 있었는데, 거기다 약을 놓고, 토끼는 토끼들이 잘 다니는 길목에다 덫을 놓았는데, 짐승들이 오빠에게 잘 걸려들었다.

그렇게 잡아 온 짐승을 사람들은 몸에 좋다며 비싼 돈을 주고 사 가기도 했으니, 그 시절 오빠에게는 수월찮은 용돈 벌이도 되었다.

그리고 여름에는 못에 낚시를 잘 갔는데, 낚시할 때는 물고기가 잘 잡히고….

그때마다 오빠는 혼자 다녔는데, 나는 오빠가 무엇을 잡아 올 때마다 신기해서 나도 따라가면 안 되냐고 졸라서 산에도 두어 번 따라가고, 못에 낚시하는 데도 몇 번 따라갔다.

그 오빠만 따라가면 덩달아 잡아 올 수 있을 것 같았는데, 그러니까 공짜 심리가 발동했던 셈이다.

나중에 친구 얘기 들어보면 오빠는 그런 내가 아주 성가셨단다. 어딜 가면 자꾸만 따라가려고 하니, 오지 말라 하기도 그렇고….
혼자 다니기 좋아하는 오빠한텐 왜 안 그랬겠나! 나는 초등학생, 오빤 중학생 때였다.

못에 낚시하러 갈 때는 어디서 대나무인가 긴 나무를 하나 구해서 낚싯대를 만들어달라 하고 거기다 쫑대를 얻어 달고, 지렁이도 한 마리 끼워달래서 낚시했던 기억도 난다.

오빠는 못 저 아래, 나는 저 위에서 낚싯대를 들고 있는데 오빠는 한 마리씩 낚는 게 보이는데, 나는 몇 시간 있어도 한 마리도 안 낚여… 재미없어 나중엔 따라갈 생각 도 안 했던 것 같다.

내 보기엔 오빠가 짐승이며 물고기며 척척 잘 잡아 오지만 그게 그리 쉽지만은 않았을 텐데…. 그랬던 오빤 어린 시절부터 혼자 다니면서, 그 시간을 통해 나름 꿈의 씨앗을 심지는 않았을까?

꿈은, 그리고 소망은 고요한 시간에, 혼자 있는 시간에 씨앗이 잘 심어진다고 하니, 그 시절 고독할 줄 알았다고 할까? 고독에 처할 줄 알았다고 할까?

약간은 남달랐던 불우한 환경도 성공의 요인이 되지 않았을지? 훗날 아주 크게 성공해서 멋진 인생 살고 있다는 그 오빠 소식을 들을 때마다 그런 생각이 들곤 했다.

복 수박

어제 오후엔 아버지가 밭에서 수박을 한 덩이 따 오셨다. 복 수박이라 아주 달았다.
우리 어릴 때는 수박도, 참외도 아주 귀했다. 생각 같아서는 밭고랑에 몇 포기 심으면 될 것 같은데, 무슨 이유에서인지 그러시지는 않으셨다.

그러다 내가 스무 살 때, 시골을 떠나 도시로 가게 된 해에는 아버지가 우리 밭고랑에 참외 몇 포기를 심으셨다. 내가 참외를 아주 좋아했기 때문이다.
그 해엔 밭에서 난 참외를 실컷 먹게 되었다.

아무래도 시장에서 산 것보다는 덜 달았지만, 밭에서 금방 따 온 거라 아주 싱싱했다. 어린 시절 어쩌다 수박을 먹게 되면 나는 씨앗을 발라서 마당 한쪽 거름 무더기 옆 땅 밑에다 씨를 심어두곤 했다.

그러고는 싹이 올라올 날만 기다렸는데, 한참 있다 어느 날 드디어 조그마한 싹이 올라와 매일매일 어느 만큼 자랐나? 구경하는 재미로 지냈는데, 하지만 참 더디게도 자랐다.

조맨치, 조맨치….

그러다 줄기가 뻗어가고, 어느 날 노오란 꽃도 피고….

드디어 수박이 열리겠구나! 기대했는데, 수박 열릴 기미는 보이지는 않고, 그럴 즈음 서리가 내려 내 기대는 폭싹 주저앉고 말았다. 싹이 올라와 자라는 재미까지였다.

그거 알면서도 그다음 해에도 어디다 씨앗을 심을까? 고심하고…. 수박 열리는 것 보게 되는 일을 포기하지 않았다.

먹을 내기 화투

아이가 가끔씩 "엄마! 보름달 있으면 사 와!"라고 한다. 보름달은 빵 이름인데, 그게 그리 맛있단다.
과자처럼, 옛날부터 있던 빵이 지금까지 나오는 것들이 있다. 보름달빵, 크림빵, 소라빵….

농사철이 끝나고 겨울이 오면 아버지들은 누구네 집에 모여서 먹을 내기 화투를 쳤다. 우리 집에서도 자주 모이셨는데, 나와 동생은 옆에서 그거 구경하는 게 그리 좋았다.

농사철엔 늘 일만 하시던 아버지들이 쉬는 모습 보게 되는 것도 좋았고, 노는 모습 보는 것도 좋았다. 누가 일등을 하시나? 구경하는 것도 재미있었다.
뭉글뭉글! 담배 연기 나는 방에서 조그마한 아이가 그러고 앉아 있었다.

주로 맨 화투를 쳤는데, 삼백 점에 나기였던 것 같고… 어떤 아버지는 다른 사람은 그 점수 될 동안 오 점인 분도 계셨다. 그러다 점수가 다 되면 이천 원인가, 삼천 원을 우리한테 주시며 심부름을 시키셨다.

빵과 음료수, 과자… 그리고 너거들 먹고 싶은 것들 사 오너라!

그땐 비닐은 없었고 보자기를 들고 갔던 것 같은데… 동생이랑 둘이서 동네 점빵으로 심부름 갈 때면 늘 신이 났다.

걸어가는게 아니라 뛰어갔는데….

모듬뛰기로 뛰어갔다.

그때 빵이 보름달… 이런 것들이었다.

어린 날 겨울은 따뜻한 구들방에서 그러면서 보냈다.

그러다 내가 점점 자라면서는 먹을 내기 화투판도 사라져가고, 대신 도프(고스톱)라는 게 들어왔다.

화투판도 옛날만큼 평화롭지는 않았던 것 같고….

우리 심부름하는 것들도 라면이나 통조림… 이런 것들로 바뀌게 되었다.

내 어린 날의 학교

미루나무 따라 큰길 따라

하늘에 흐르는 구름 따라 시냇물을 따라

한참을 가면 어릴 때 내가 다니던 우리 학교!

이 노래 가사처럼 내가 다니던 우리 학교도 딱 이랬다. 구름을 따라서, 시냇물을 거슬러서 한참을 가다 보면 어릴 적 내가 다니던 내 어린 날의 우리 학교가 있었다.

이번에도 시냇물을 거슬러서 그 길을 따라 가보았더니, 길가 밭에는 김장감으로 쓰일 배추가 도란도란 자라고 있고, 어느 집 담장으로는 대추가 조롱조롱 달려 있길래, 탐스러운 나머지 한 두어 나~ 따서 깨물어보았다.

곧 학교에 닿았더니, 선도부들이 서서 지키던 교문이 나오고… 1, 2학년 교실이 나오고, 교실 지나고는 요 어디쯤 도서관이 있었던 거 같은데…? 학급 문고도 있었지!

탐정 소설을 아주 재밌게 읽던 친구 생각이 나면서, 그 아이들은 지금 어디에서 어떤 삶을 살고 있을지?

운동회 날 우리 가족들이 가족사진을 찍던 포플러나무는 그대로 있어 다행이었고… 그리고 그때 그 아이들!
그 아이들과는 지금도 여전히 잘 지내고 있다 보니 한 명 한 명 친구들 얼굴이 떠오르기도 했다.

어느 해에는 폐교가 된 우리 학교였지만, 친구랑 둘이 가서 그 시절처럼 그네도 타보고, 씽~ 미끄럼틀을 타며 미끄러져도 보고… 빙빙 돌아가는 놀이기구도 타보고, 플라타너스 나무 아래서 한참을 앉아 있어도 보았다.

지금이야 기억으로만 남아 있는 내 어린 날 학교지만….
어디 학교만 그렇겠나? 그때 그 친구도 지금은 떠나고 없으니, 먼 나라로 가서 살고 있으니….

친구와 나는 폐교된 어린 날 우리 학교에서도 해볼 것 다 해보았으니 괜찮다고 생각한다.

그 옛날 교실 창문으로 들어오던 햇살, 햇살을 배경 삼아 날리던 먼지, 복도를 지나가던 선생님의 슬리퍼 소리, 어느 날은 친구네 염소가 교재원의 풀을 다 뜯어 먹어 학교 아저씨가 잔뜩 화내던 모습이며, 오재미 놀이를 할 때 나던 아이들의 웃음소리….

이 모든 이야기를 함께 다 할 수 있었던 친구마저 없지만, 우린 지금도 여전히 한마음이다 보니 앞으로도 괜찮을 거라고 생각한다.

친구와… 그리고 어린 날 우리 학교는 내 마음속에서 동아줄보다도 더 튼튼한 기억으로, 언제까지나 살아 있을 테니….

언제나 비 내리고 나면 무지개가 뜬다!

이 노래의 마지막 가사처럼, 무지개로 살아 있을 거라 생각한다.